JN025437

Grief care and Grief counseling

グリーフケアと
グリーフカウンセリング

死別と悲嘆への
サポート実践ガイド

瀬藤乃理子 ＋ 広瀬寛子
Noriko Setou　　Hiroko Hirose

日本評論社

はじめに

　死別の悲しみは，古代から変わることなく存在する普遍的な心の痛みです。「死」や「死別」がいつも身近にあった時代には，その人が暮らす地域の支え合い，文化や自然，信仰などが，遺された人の悲しみにそっと寄り添っていました。ところが，時代の変化，とくに近年の高度医療の発達や社会構造の変化により，人々の人生観や死生観は大きく変化し，いまや，「死」や「死別」に直面して初めて，こんなにも死別の悲しみはつらいものなのだと知る人が少なくありません。その一方で，災害の多発や感染症の蔓延，世界規模の不穏な社会情勢によって，死別はすべての人にとって他人事ではない状況に，再び変わりつつあります。移りゆく歴史の中で，死別の悲しみにどう対処するのか，そしてその悲しみをどのように支えるのかが，いま，改めて多くの人に問われています。

　筆者の恩師であるポーリン・ボス先生は「喪失からの回復には，孤立が最大の敵」とたびたび話されていましたが，孤立しないためには，その遺族の状況や心情を理解し，寄り添う人の存在が不可欠です。しかし，何か役に立ちたい気持ちはあっても，「どのように遺族を支えればよいかわからない」という声を多く聞きます。そのような声は，実は一般の人々だけでなく，医療，保健，福祉などの対人援助職や，心理や精神の専門家においても同様です。

　2000年頃を境に，遺族支援に関する学問的知見や，国内外の悲嘆研究者の取り組みは飛躍的に発展しており，日本においても「喪失と悲嘆（Loss and Greif）」に関連する書籍や翻訳書が増えてきました。ただし，古典的な悲嘆の理論や支援技法，それらに対する歴史的な議論を理解するには，膨大な解説を読みとく必要があります。また，遺族支援の具体的な手続きや方法

に関する情報は，エビデンスが少なく，しかも散在しています。そのため，多くの人が暗中模索で遺族支援を行っており，何らかのガイドを必要としています。

そこで本書は，グリーフの理論などの基本事項は重要な点のみに絞り，それらを実際の支援にどのように活かすかを中心に，考え方やヒントを具体的に示すことを目指しました。基本的には，筆者らが実際に行ってきた遺族支援の実践をベースにまとめています。

遺族支援の現場は実にさまざまです。病院やクリニック，地域医療や地域保健で生前から，あるいは死別後の家族や遺族にかかわっている方，事故や災害などの現場で遺族にかかわっている方，医療機関や相談機関などで遺族の相談や介入などにかかわっている方，遺族会や支援団体の活動を通してかかわっている方など，職種や立場，家族や遺族に出会う時期などによっても，支援の方法や内容は異なります。さまざまな現場の支援者のニーズに一冊の本で応えるのは難しいため，本書では，一般の医療従事者や若手の心理職で遺族支援を行いたいと思っている方が読まれた場合にも，基礎の理論と実際の支援方法を関連づけて学ぶことができるように努めました。

本書は大きく4部で構成しました。第Ⅰ部は「愛着・喪失・悲嘆の基礎」の理論，第Ⅱ部と第Ⅲ部は「グリーフケアとサポートグループ」や「グリーフカウンセリング」の具体的な実践方法と留意点，第Ⅳ部は「支援者のケア」というテーマで支援者自身の問題を取り上げています。全12章の中には，読者によって深くかかわる部分とそうでない部分があるかもしれませんが，全章を通して読むことで，遺族支援の全体像を理解していただけるのではないかと思います。

本書は瀬藤と広瀬による共著ですが，二人には，共通点があります。もともと広瀬は看護師，瀬藤は理学療法士という「医療職」であり，同時に「心理職」としても遺族支援にかかわってきました。また，ともに自分自身の死別体験が遺族支援に携わる大きなきっかけになっています。

広瀬は長く病院スタッフとして，入院中の家族や医療従事者のサポートを

行うと同時に，遺族のグループサポートや支援者のエンカウンターグループを行ってきた実績があります。一方の瀬藤は，子どもを亡くした遺族や，災害，自死など外傷的な死別の遺族支援の実践とともに，遺族支援の啓発活動や支援者向けのプログラムを各地で行ってきました。エビデンスの少ない領域で，自分たちの実践をベースに書くことは，当初の予想以上に悩みながらの作業となりましたが，医療と心理の二つの視点をもちながら，遺族支援に実際にかかわってきた私たちだから書けることを，本書では大切にまとめました。臨床現場で遺族支援を模索しておられるみなさまに，少しでもお役に立てればと願っています。

　最後になりましたが，本書でまとめた内容には，多くのご家族やご遺族，そして実際に遺族支援をされている方々とのかかわりの中で，私たちが学んだことが多く含まれています。私たちの活動や研究のプロセスでは，苦労をともにした同僚や仲間，多くの学びと励ましをくださった恩師にも恵まれました。また，グリーフの学びの過程では，国内外の悲嘆研究者や，精神医学，社会学，宗教学など多領域の先生方の教えが，どれほど役に立ったかしれません。日本評論社の木谷陽平様には，この本の出版に関して，最初にお声がけいただき，執筆が遅れがちの中でも，期待をもって辛抱強く待ち続けていただきました。本書を出版できたのは，みなさまのおかげです。お世話になったすべての方々に，この場を借りて，深く御礼申し上げます。

瀬藤乃理子

目　次

[第Ⅱ部　グリーフケアとサポートグループの実際]

［第Ⅲ部　グリーフカウンセリングの実際］

第 I 部

愛着・喪失・悲嘆
の 基 礎

第1章

グリーフ（死別の悲嘆）の 支援とは

死別によって起こること

　私たちの多くは，人生で幾度となく死別を経験します。日々の生活にそれほど影響なく，一つの悲しい出来事として通り過ぎていく死別もあれば，愛する人の死によって日常生活すべてが変わってしまい，生きていく意味さえ見出せなくなってしまう場合もあります。

　後者の場合，当然のことながら，喪失の悲しみが和らぐまでには時間がかかります。しかし，いつになればこの苦痛が和らぐかと聞かれても，誰にも正確に予測することはできません。

　私たちは，多くの人を支え，多くの人に支えられながら生きていますが，その中でもとくに「心の拠り所となっている人」がいます。その人は，普段は当たり前にそばにいて，時には衝突したり，文句を言い合ったりしているかもしれません。家族や親族かもしれませんし，恋人，親友，仲間，同僚，あるいは恩師のこともあります。共通していることは，私たちがその人を深く愛していると同時に，日々の生活や人間関係，人生設計，未来の見通し，夢や希望など，人生そのものに深くかかわっているという点です。また，その人は通常，「安全基地※1」の役割を果たしており，苦しい時，悩みがある時，その人の存在そのものが，私たちの不安や心細さを軽減してくれます。そして，嬉しい時や人生の節目を迎える時などには，その人がともに祝ってくれ

　※1　安全基地は，発達心理学では，愛情をもって子どもの不安を受け止める，子どもが安心できる大人の存在を指しますが，成人においても，心の拠り所となる環境や人を指す概念として用いられます。

ることで，喜びは倍増します。その意味では，私たちの心の安定やアイデンティティ（identity）の形成，大切なライフイベントに至るまで，愛する人からの影響はとても大きいものです。

日本語で「自我同一性」と呼ばれるアイデンティティは，自分は誰で（Who am I ?），どのような存在価値があるのかを意味する言葉です。愛する人を失うと，私たちのアイデンティティは強く揺さぶられます。たとえば夫を亡くした時，妻として生きてきた自分は失われ，未亡人という新しいアイデンティティで生きていくことになります（Boss, 2021）。子どもを失った時，親としてのアイデンティティは，粉々に崩壊してしまったかのような状態になります。アイデンティティは，その人の生き方や社会的なネットワークとも深く結びついているので，それが脅かされると，その後，誰とどう生きていけばよいかもわからなくなってしまうのです。

愛する人との死別を経験すると，私たちは深い悲しみに沈みますが，死別で喪失したものは愛するその人だけでなく，それまでの生活，安心感，アイデンティティなど，目に見えるものから目に見えないものまで広範囲に及び，人生への影響が多大であることを知っておく必要があります。

遺族が抱える多様な問題

死別に対する悲しみの反応（悲嘆反応）は，一般化できる事柄もありますが，数多くの要因が関係し，非常に多彩な反応と適応過程があることが知られています。たとえば，遺族の性別や年齢，気質，対処行動，死別の原因や状況，亡くなった時の故人の年齢や遺族との関係性，ソーシャルサポートの多さ，喪失の重複といった事柄は，いずれも悲嘆の強さやその経過に影響を及ぼす因子として知られています。また，遺族の一部は，悲嘆が複雑化し，より専門的な支援が必要となる場合があるので，注意する必要があります（第3章参照）。

ただし，遺族支援の中で着目すべき点は，悲嘆反応だけではありません。たとえば，「2年間の闘病後，がんで夫を失い，ひとり残された70代の女性

が，3ヵ月経過してもずっと食欲がなく，悲しみに暮れている」といった場合，私たちはどのような支援を考えればよいでしょうか？　また，専門家の支援が必要でしょうか？

　上の文の下線部は，さまざまに変更できます。たとえば，次のように下線部が変更された場合，誰が，どの時点で，どのような支援を行えばよいかを考えてみてください。

　①2年間の闘病後，がんで妻を失い，ひとり残された70代の男性
　②ある日突然，ひき逃げで夫を失い，ひとり残された70代の女性
　③2年間の闘病後，がんで夫を失い，子ども2人と残された30代の女性

　どの場合も，先にイメージしたがんで夫を失った70代の女性とは，死別の状況や死別後の生活，支援する内容，配慮事項がかなり異なるであろうことがわかると思います。

　このように，何か一つの要因が変わるだけで，遺された人たちの死別後の状況や抱える問題は，まったく変わってきます。したがって，遺族を支援する際には，悲嘆反応という「個人」の症候に焦点を当てるだけでなく，死までの経過や状況といった「文脈[※2]」，家族関係や周囲のサポート，死別後の環境も含めたより広い「社会的背景」をみていくことが，死別によって生じる問題を理解するうえで必須となります。それに加えて，遺族一人ひとりの死別後のニーズも異なりますので，実際の支援を行う際に考慮すべき変数は，非常に多彩です。

　一方，すべての遺族に対して，フォーマルな支援サービスを提供する必要はないことも示されています。ほとんどの遺族は，死別後間もなくは強い悲嘆反応があっても，時間とともにおさまり，自分自身で悲しみと折り合いをつけていくようになります。悲嘆にうまく対処している人にメンタルヘルス

※2　文脈とは，出来事やその出来事によって生じるストレスの背景，経過，歴史のことを指します。死別の支援においては，死や死別の文脈を理解することが非常に重要であるといわれています（Walsh & McGoldrick, 2004）

の治療を提供することは，まったく役立たない，あるいは効果的ではないことが指摘されています（Department of Health & Human Services, 2012）。その一方で，悲嘆が長引き，複雑な状況を抱える少数の遺族に対しては，治療的介入が必要であるというメタ分析の結果があります（Currier et al., 2008）。

　一般に，死の原因や死別の状況にかかわらず，すべての遺族に役立つ支援とは，遺族自身がもつ支援のネットワークを補う形で提供され，その人が安心してアクセスし，利用できる支援と考えられています（MDHB, 2015）。ここでいう「遺族自身がもつ支援のネットワーク」とは，遺族とかかわりのある周囲の人たち，地域の人たちを含むコミュニティのネットワークを指します。たとえば，遺された家族，親族，親しい友人やグループ，近隣の人，学校の先生，同僚などによる思いやりのあるかかわりや生活の手助けなどが，死別後の適応や回復に重要な役割を果たすのです。このような支援を少しでも手厚くすることが，遺族支援では非常に重要です。それに加え，悲嘆のプロセスや死別体験に関する適切な情報や，必要に応じて追加の支援を受けるための情報を提供することも，すべての遺族に役立つ支援の中に含まれます。

誰 が ど の よ う に 遺 族 を 支 援 す る の か

　死別後の遺族の抱える問題やニーズが多様な中で，誰が，どのように支援を行えばよいのでしょうか？

　近年の海外の遺族ケアガイドラインでは，「多くの遺族は，死別の悲しみに対処する回復力（レジリエンス[※3]）と社会的ネットワークをもっている」という前提に立ち，それに基づいた公衆衛生学的な考え方が主流となっています。公衆衛生学的なアプローチとは，コミュニティの既存の強み（共助や互助，結束力，資源など）を活かし，その中で遺族と遺族を支える周囲の人たちの両方のニーズを満たし，かつ費用対効果を高めるように組み立てられた支援体制を指します。たとえば，NICEのガイドラインでは，下記のように，

※3　レジリエンスとは，その人自身がもつストレスに対する回復力，健康に生きる力，良好な適応力を指す概念です（34頁参照）。

遺族支援を三つの構成要素（コンポーネント）に分けています^{※4}（表1-1）（NICE, 2004；MDHB, 2015）。

　ステージ1の担い手は，職業の有無にかかわらず，幅広い人が含まれます。家族や親族，友人，近隣などのコミュニティの人々はもちろんのこと，病院・施設の医療従事者・福祉従事者，訪問看護などの在宅医療の専門職やヘルパー，地域の保健師・精神保健福祉士などの専門職や民生委員，事故や災害などでは救援者や警察・消防の人たち，学校や保育所の先生，葬儀社の人，エンバーマー，宗教者，死亡届などを出す際の行政の窓口担当者，生命保険会社の担当者，遺品や相続などに関する相談を受ける司法書士，行政書士や弁護士など，遺族にかかわる可能性があるすべての人と言っても過言ではありません。情報提供に関しては，普段，何らかの形で家族や遺族にかかわっている医療や福祉等の専門職が重要な役割を担います。また，死別の悲しみに関連した情報が書かれたリーフレットやホームページなどが，ステージ1の重要な支援ツールとなります。

　ステージ2の担い手は，死別や喪失の支援について十分なトレーニングを受けた専門職（医療，保健，福祉，心理，その他），あるいは十分なトレーニングを受けた自助グループ・支援団体のスタッフなどです。多くの場合，支援に対する費用は発生せず，ボランティア，もしくは，それぞれの担い手の通常業務の中で補完的に行われる支援を指します。

　ステージ3では，多彩で重篤な症状の遺族に対応する役割をもち，遺族支援に精通したメンタルヘルスの専門家が担い手になります。

　ステージの1から3は，独立して活動するのではなく，それぞれのステージの支援の価値を理解し，連携できるような体制作りを，担い手の一人ひとりが意識しておくことが重要です。

※4　NICEのガイドラインでは「コンポーネント」としていますが，MDHBガイドラインでは，NICEのこの概念を引用し，「ステージ」と記しています。本書では「ステージ」としました。

表1-1　遺族支援の三つの構成要素

【ステージ1】
通常の悲嘆反応を示す大部分の遺族に対する支援。ほとんどの遺族は，専門家の介入なしに対処する。ただし，多くの遺族は，死別直後の悲しみやその対処についてよく知らないため，自分で対処できている人たちにも，死別に関する情報提供が役立つ。

【ステージ2】
サポートを必要とし，そのサポートを受けなければ，身体的・精神的な健康障害のリスクが上昇する可能性がある一部の遺族に対する支援。遺族の支援団体による支援や自助グループもここに含まれる。トレーニングを受けた専門職やボランティアによって行われる支援で，必ずしも専門家の介入でなくてもよい。専門的な治療が必要な人をスクリーニングし，次のステージ3に紹介する役割も担う。

【ステージ3】
慢性化・複雑化した悲嘆を抱える少数の遺族に対する専門家による支援，介入，治療。全般的なメンタルヘルス支援，一般的な死別の支援のほか，専門的なカウンセリングや心理療法，緩和ケアサービスなどが含まれる。

支援者としての自分の立場を理解する

この本を読んでいるあなたは，上のどのステージの支援の担い手でしょうか？　また今後，どのステージの担い手になりたいと思っていますか？　それによっても，支援の内容や学ぶ事柄は変わってきます。また，ひとりの人が，ステージ1のみの担い手になる時もあれば，状況に応じてステージ2の担い手にもなる場合，あるいはすべてのステージにかかわりをもつ場合など，ステージをまたぐ立場の方もいるかもしれません。

ステージ1の支援を行うためには，死別後の遺族の状況や抱えやすい問題，基本的な遺族ケアの考え方や方法を知り，遺族支援の重要性や価値を十分に理解する必要があります。また，ステージ2の支援を行うためには，ステージ1の内容を知ったうえで，よりリスクの高い人のアセスメントや適応力を高めるための支援，死別後の健康障害に対する予防的な介入についても学ぶ必要があります。同様に，より困難な状況にある遺族に対応するステージ3を担う人たちは，ステージ1や2の支援方法を知ったうえで，死別後の病的な症候や，悲嘆を複雑化させている問題のアセスメントや診断，治療的介入

を行う知識やスキルが必要です。

　とくに，死や死別には，社会全般に誤った社会的通念が存在するため（34
〜35頁参照），ともすると遺族に対して誤った声かけや対応をしてしまう危険
性があります。また，どのように声をかけてよいかがわからず，周囲の人が
以前よりも距離をとるようになり，遺族がコミュニティの中で孤立する場合
もあります。喪失の話題は語りにくさや語りづらさがあることから，死別後，
自分ひとりで苦しさを抱えてしまうことも少なくありません。そのため，支
援者の立場の人はもちろんのこと，広く社会に向けてグリーフの理解を広げ
ていく啓発が非常に重要と考えられるのです。

　しかし，とくに日本においては，諸外国に比べて遺族支援の重要性の認識
が，社会全体としてまだ低く，それぞれのステージにおける教育体制・支援
体制も未発達の段階です。今後，すべてのステージの支援を充実させ，協働
的に遺族を支援していくことが非常に重要な課題といえます。

望まれる多層的な遺族支援の体制

　日本では，毎年，100万人以上が何らかの原因で死亡します。年間死亡数
は，2020年は約137万人，2022年は過去最多の約156万人でした（厚生労働省
人口動態統計）。ひとりが亡くなると複数の遺族が生じることを考えると，地
域にはさまざまな原因で大切な人を失った遺族が必ずいますし，これから超
高齢化による多死社会が訪れるのは間違いないことから，このような公衆衛
生学的な考え方が，今後ますます重要になると思われます。介入や治療が必
要となる遺族が，少数でも必ず存在しており，また，遺族に対して適切な介
入や治療ができる専門家も少数であることから，数少ない貴重な資源を，本
当に必要な人につなげる枠組みが必要なのです。

　このようなコミュニティをベースとした支援や介入の体制作りの考え方
は，たとえば，災害時のような緊急時のメンタルヘルス支援に通じるもので
す。とくに大規模災害の被災者支援では，支援する人の数に比べて支援対象
者がきわめて多いため，地域で行われる社会的配慮も含めたケアを土台とし，

図1-1 災害など緊急時のメンタルヘルス支援の
介入ピラミッド（IASC, WHO）

抱える問題や必要性に応じて，高度なメンタルヘルス支援サービスを提供するという図1-1のようなピラミッド型の多層的支援構造が推奨されています（IASC, 2007；WHO, 2020）。全体として支援をうまく機能させるためには，階層ごとの支援を充実させるだけでなく，実際に遺族が困った時にタイムリーにアクセスできる場所が明確であること，そこから適切な支援経路につなげることが重要と考えられます。また，支援や連携の中でとくに重要視されているのが，支援の対象者一人ひとりの尊厳が守られることです。

　このようなピラミッドモデルを遺族支援に応用すると，図1-2のようなモデルが考えられます。遺族支援においても，コミュニティ全体で行う基本的サービスが土台となり，上にいくほど，より支援の対象が絞られてきます。海外においても，多層的な支援のピラミッドモデル（Irish Hospice Foundation, 2020）を推奨している国もあり，日本においても社会全体として支援体制を構築することが期待されています（坂口, 2022a）。

グリーフケア，グリーフカウンセリング，グリーフセラピー

　ここで，遺族支援でよく使われる「グリーフケア」「グリーフカウンセリ

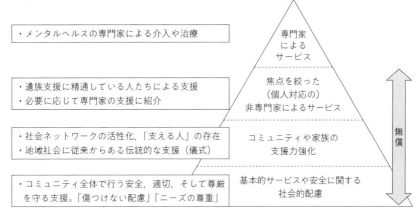

図1-2 **遺族支援の介入ピラミッド**（筆者作成，IASCのMHPSSの図を遺族支援用に改変）

ング」「グリーフセラピー」の三つの用語について整理しておきましょう。

　日本においては，遺族の支援に対して「グリーフケア（grief care）」という用語がよく使われますが，海外では「ビリーブメントケア（bereavement care）」というほうが一般的です。「ビリーブメント」は「（人との）死別」という意味ですので，「ビリーブメントケア」はいわゆる死別の支援を意味します。「グリーフケア」のほうが，人との死別に限定しない喪失の悲しみへの支援，つまりより広い意味が含まれますが，海外で「グリーフケア」という言葉は通じないことも多いので，注意が必要です。坂口（2022b）は，「広義の遺族ケアとは，『遺族への直接的，意図的な支援だけではなく，患者の死の前後を問わず，結果として遺族の適応過程にとって何らかの助けになる行いのこと』を意味している」と述べていますが，筆者も同じ意見です。社会の中で遺族を支えるすべての取り組みが含まれると考えると，先ほど述べたようなコミュニティベースでの包括的な支援や情報提供などをすべて含めたものを「グリーフケア」と呼ぶことができるでしょう。

　そのほかに，「グリーフカウンセリング（grief counseling）」や「グリーフセラピー（grief therapy）」という用語もよく使われます。ウォーデン（Worden, 2018）の定義に従うと，グリーフカウンセリングは，**通常の悲嘆**に対して，

死別に健康的に適応できるよう悲嘆の過程を促進するアプローチ，もう一方のグリーフセラピーは，複雑な喪の過程，すなわち**通常の悲嘆から逸脱している状態**に対して，専門的なスキルを使った治療的アプローチです（第8〜10章参照）。すなわち，グリーフカウンセリングやグリーフセラピーはともに，遺族の喪のプロセスや適応を促進する目的で，時間をとって意図的に行われる支援行為であり，リスクの高い死別後の遺族にはとくに推奨されます（Raphael et al., 2006）。また，グリーフセラピーは治療的介入ですので，メンタルヘルスの専門家によって提供され，遺族自身も「治療」と認識し，合意のもとで場所や時間，費用などの「枠」を設定したうえで行うものと考えたほうがよいでしょう。

　このように考えると，前述したステージ1，2，3で行う支援と，グリーフケア，グリーフカウンセリング，グリーフセラピーの三つは，まったく同じではありませんが，枠組みとしては重複が多いと考えられます。

悲嘆過程に寄り添う支援

　死別の悲しみは，本来，とても自然な反応です。そのため，大部分の遺族に対しては，「問題を解決する・症状を治す」必要はなく，「悲嘆のプロセスを支える」ことがケアの目標になります。では，「悲嘆のプロセスを支える」とは，どういうことでしょうか？

　死別後のプロセスは多くの場合，楽になってきたかと思えば，また落ち込むといったように，行きつ戻りつしながら進んでいきます。しかし，再び悲しみに引き戻されても，それは元の状態に戻るわけではありません。そのような中でも，悲嘆のプロセスは少しずつ進んでいき，その人の内面も社会的な状況も変化していきます。したがって，遺族の状況や心理的苦痛は，死別からどのくらいの期間が経過したか，そしてその人の悲嘆過程がどの程度進んだかによっても大きく異なります。

　死別直後は，日々の生活を送ることさえままならない場合があります。災害などで家や仕事などの生活基盤まで喪失する場合もありますし，病死であ

っても，死別後に食べ物が喉を通らず，日中もずっと落ち込んでいたり寝込んでいたりするほど憔悴してしまう場合もあります。そのような時期には，まずは安全な環境を整えることを第一に，少しでも日常生活を取り戻せるよう，周囲の人が協力して生活そのものを支えていくことが大切です。

　生活が整ってくると，自分の気持ちに少しずつ向き合っていけるようになります。意識的・無意識的に，亡き人への思い，そして自分に起こっていることを理解し，整理する段階です。人によってやり方はさまざまですが，故人のことを話したり，思い出の場所を訪ねたりといったような，その人なりの喪の作業を行うことで，多くの場合，時間の経過とともに，悲しみの感じ方は少しずつ変わっていきます。遺族が望めば，あなたがそれを手伝うこともできるかもしれません（第6，8章参照）。

　海外では，死別後の悲嘆過程はしばしば「旅」にたとえられ，それは「意味を探す旅」ともいわれます（Doka, 2016）。遺族が探している意味は，実存的な人生の問いと深く結びついています。たとえば，なぜあの人は死ななければいけなかったのか，その意味。なぜあの人だけが死んで，私だけが生き残ったのか，その意味。あの人なしに私はこの後どうやって生きていけばよいのか，その意味です。意味は悲嘆過程を通して，その人自身が見つけるもので，他者が助言したり教えたりするようなものではありません。私たちの役割は，見守ったり，その人が望む時に話をしたり，相談したりしながら，必要な時にその旅のガイドをすることです。苦しい時はその人の背負っている荷物を持ち，ある時は故人の思い出を語り合い，またある時は「無理しなくていい」と声をかけます。旅の間，その人が心身の健康を保ちながら，自分のペースで歩みを進められるようにガイドすることが重要です。

　とくに困難な旅路の人もいます。どこにたどり着くのかもわからず，怒りや罪責感，後悔などをもちながら苦しい人生が続く場合があり，どうもがいても取り除くことが難しい思いや感情が落ち着くまでには，かなり時間を要します。しかし，たとえそうであっても，支えてくれる人がいれば，何らかの折り合いをつけて，自分らしい生き方に再び踏み出していく遺族も多いのです。場合によっては，何年も，何十年もかかることもありますが，それで

も私たちは辛抱強く，その旅に同伴する存在でありたいものです。

　遺族の状況が心配な時，適切な支援を提供することも大切ですが，遺族の
そのようなレジリエンスを信じる力も，支援力の一つです。レジリエンスの
ある人とは，逆境に見舞われても，びくともしない人ではありません。強風
にあおられ，何度も膝をつき，立ち上がれなくなったとしても，人の力を借
りてもそこから再び立ち上がり，前に進む人のことをいいます。人間にはも
ともとその力が内在しています。支援者は，遺族のレジリエンスを信じなが
ら，逆境の時には，その人のレジリエンスにつながるものを見定めて，でき
るだけ多く集めるのです（瀬藤, 2019a）。死別前の「家族ケア」は，このよう
な死別後の苦しい時期に大きな支えになることがあるため，とくに看取りに
かかわる職種の方は，生前の家族ケアが，遺族のレジリエンスに深く関係す
ることを知っておくことが大切です（第5章参照）。

　すべての支援者が決して忘れてはいけないことは，死別後のどのような時
期であっても，遺族がどのような状況であったとしても，また，グリーフケ
アであろうと，グリーフカウンセリングであろうと，グリーフセラピーであ
ろうと，悲嘆過程を進む旅の主体は遺族であり，遺族のニーズやペースに合
わせて支援することです。そのため，どのような場面でも，遺族との丁寧な
「対話」を通じて，どんな支援を望んでいるかをきちんと確認することが大
切です。

　また，遺族が孤立しないように，その人の周囲との関係性や取り巻く環境
にも目を向けましょう。親身になって遺族をサポートをしてくれる人が周囲
にいれば，その存在は間違いなく遺族のレジリエンスにつながります。

支援のゴールと支援者のケア

　遺族支援の最終的なゴールとは何でしょうか？　たとえば，医学的なモデ
ルを用いると，「死別によって傷つき，脆弱になった人が，元の正常な心理
的・身体的・社会的機能を取り戻せるように，回復を支えること」が目標と
なるかもしれません。しかし，「元の機能を取り戻す」あるいは「回復」と

いう言葉に異議を唱える悲嘆研究者もいます。なぜなら，死別は「傷つき」という側面だけでなく，人間的な成長も含めたさまざまな肯定的な変化が起こり得る体験でもあり（33頁参照），少なくとも心理面や生き方は，遺族が死別前と同じ状態に戻ることはないからです。

　また，「回復する」「乗り越える」といった言葉は，まるで悲しみに打ち勝つ，克服する，あるいは悲しみがなくなることが，最終的な到達点のように思わせる響きがあります。しかし，実際は，愛する人を失った遺族の悲しみが，消えてなくなることはありません。何年経過しても悲しみで涙がこぼれることもありますが，悲しみをもちながらも，前を向いて人生を歩むようになるのです（Boss, 2021）。それは，悲しみを克服するという意味合いとは少し異なります。

　遺族支援の目的やゴールは，研究者によっても異なるかもしれませんが，筆者（瀬藤）は「意味を探す旅に寄り添う」「孤立を防ぎ，社会的なつながりを回復する」「悲嘆反応や症状に対して適切な対応をとる」という三つを挙げます。しかし，遺族支援を実際に行ってみると，この三つのゴールに向かう支援のプロセスは決して簡単ではないこともわかります。また，強烈な遺族の悲嘆反応に対応したり，状況がまったく変わらない期間が長く続くと，結果的に支援者の無力感が増し，燃え尽きてしまうことが少なくありません（第11，12章参照）。

　そのため，遺族支援を実践するためには，支援者には「継続的な学び」が非常に必要です。学ぶことは力になります。学ぶことで，遺族への対応力や支援力が高まりますし，それと同時に支援者が自分自身の健康を守る力も醸成されるのです。ぜひ，継続的な学びを続ける中で，遺族も自分も両方を大切に，長く遺族支援を続けていってほしいと思います。

コラム ①
グリーフケアを学びたいのですが，
どうすればよいですか?

　最近では，グリーフに関する書籍，研修会，養成講座なども増えてきました。対象や内容，難易度が異なりますので，もし周囲に遺族支援をすでに学んでいる人がいれば，その人に相談するのもよいでしょう。筆者の場合は，国内外の書籍や論文をとにかくたくさん読んできました。また，海外から来られた悲嘆研究者の講演にはできるだけ足を運びました。自死遺族支援を学んでも，がん遺族の支援を学んでも，新型コロナウイルスによる死別を学んでも，すべてに通じる支援のヒントがあります。積極的に学ぶことで，遺族支援の奥深さや支援する価値を深く認識できるようになります。

　ただし，一つ注意しておきたい点は，グリーフの領域では，学術的に統一的な見解が得られていない事柄が多くあることです。そのため，書籍や論文に書いてあることを，鵜呑みにはしないことも大切です。まずは基本原則を知り，さまざまな考え方は，引き出しの一つとして理解し，その引き出しを増やしていきましょう。そうやって理解を深めていくことで，遺族のどのような状況や問題に対しても，支援の応用がきくようになります。

第 2 章

死 別 と 悲 嘆 の 用 語 と 理 論

　死別や悲嘆をめぐっては，さまざまな用語や理論が提唱されています。本章では，まず死別と悲嘆およびその周辺領域の用語の定義を述べたうえで，悲嘆理論について紹介します。

死別と悲嘆およびその周辺領域の用語

（1）対象喪失（object loss）

　対象喪失の対象を，小此木（1979）は「愛情・依存の対象」であると述べています。そして，ホームズら（Holmes & Rahe, 1967）の社会的再適応評価尺度の研究に触れ，対象喪失の体験を以下の三つに分けて説明しています。[※1]

　①愛情・依存の対象の死や別離：近親者の死や失恋の体験です。子どもの親離れによって父母が子どもを失う体験や，反対に子どもが父母を失う体験も含んでいます。

　②住みなれた環境や地位，役割，故郷などからの別れ：引越し，昇進，転勤，海外移住，帰国，婚約，進学，転校など環境の変化による，親しい一体感をもった人物の喪失，自己を一体化させていた環境の喪失，環境に適応するための役割や様式の喪失です。

　※1　ホームズらは，人々にとって重大なストレスになる生活上の出来事について，ストレスの大きさを数量化し，ストレスマグニチュードとして表しました。その出来事を乗り越えるためにどれだけのエネルギーを要するかを表すもので，配偶者の死を一番高いストレスとして100，結婚を50とした場合のさまざまな出来事のストレスの大きさを示しています。

③自分の誇りや理想，所有物の意味をもつような対象の喪失（アイデンティティの喪失，自己の所有物の喪失，身体的自己の喪失）：「アイデンティティの喪失」は，自分自身や自己像の価値を高め，誇ることを可能にするような精神的対象の喪失体験です。「自己の所有物の喪失」には，財産や能力，地位などを失うことが含まれます。これらの所有物は，同時に愛情・依存の対象でもあったものです。「身体的自己の喪失」においては，身体は自己そのものであり，さまざまな意味における喪失を引き起こします。その最も代表的なものは「死」であり，対象喪失としての自己の死には二つの体験があるといいます。一つは，自己の死が近いことを知った人が予期による悲哀を体験するものです。もう一つは，近親者や親しい人々の死が引き起こす自己の死に対する予期と不安の心理です。近親者の死は，その近親者と一体化し，かかわっていた自己の喪失をも意味することが多いからです。

このように人は一生を通じて，さまざまな喪失体験を繰り返します。中でも死別は大きなストレスとなる喪失体験です。

（2）死別（bereavement）

死によって大切な人を喪失した人の客観的状況を，死別といいます（Stroebe & Stroebe, 1987）。大切な人とは親，きょうだい，パートナー，友人などを含みます（Hansson & Stroebe, 2007）。さらに，親はそれを想定しないものですが，子どもも含まれます（Stroebe et al., 2008）。本書では家族や遺族という言葉を用いますが，グリーフケアは家族だけではなく，大切な人を亡くして悲しんでいる人たちすべてが対象です。

この死別によって，悲嘆（grief）と喪（mourning）が生じます（Stroebe & Stroebe, 1987）。

（3）悲嘆（grief）

悲嘆にはさまざまな定義がありますが，シュトローベら（Stroebe & Stroebe, 1987）が「喪失に対するさまざまな心理的・身体的症状を含む，情動的（感情的）反応」（坂口, 2022b）と定義しているように，単なる感情的な

表2-1　死別に対する悲嘆反応 (Hansson & Stroebe, 2007)

感情的反応	抑うつ, 絶望, 意気消沈, 苦悩 不安, 恐怖, 恐れ 罪悪感, 罪責感, 自責感 怒り, 敵意, 苛立ち 感情がなくなる（楽しみの喪失） 孤独感 思慕, あこがれ, 切望 ショック, 感情の麻痺
認知的反応	故人を思うことに没頭, 侵入的熟考 故人を感じる 抑圧, 否認 自尊心の低下 自己非難 無力, 絶望 現実感がない（自分を外から眺めているよう） 記憶力・集中力の低下
行動的反応	動揺, 緊張, 落ち着かない 疲労 過活動 故人を探し求める 涙を流す, すすり泣く, 泣き叫ぶ 社会的引きこもり
生理的・身体的反応	食欲がない 眠れない 気力が出ない, 疲労困憊 身体的愁訴 故人の症状と似たような身体症状が生じる 免疫や内分泌の変化 病気にかかりやすい

ものではなく, 心理的・身体的症状を含む情動的反応であることが特徴です。悲嘆は, 喪失への正常で自然な反応です（Stroebe et al., 2008）。

　悲嘆には個人差があり, 人によって表れる反応は異なります。悲嘆は「抑うつ」「不安」といった感情的反応,「集中力の低下」「故人を感じる」といった認知的反応,「故人を探し求める」「社会的引きこもり」といった行動的反応,「食欲がない」「眠れない」といった生理的・身体的反応に分類されます（Hansson & Stroebe, 2007）（表2-1）。死別後間もないうちは, 故人の足音や声が聞こえたりする幻聴や, 人混みの中に故人の後ろ姿を見るなどの現

象，故人と生前よく訪れた場所を訪れたいという衝動などが起きます。このような探索関連行動は，亡くなった人を再び取り戻そうとしている愛着行動であり，死の現実をまだ同化しないままであることの表れであるといわれます（Stroebe et al., 2008）。故人の持ち物を生前のままにしておくことも，その人が戻ってくるという期待や願望の存在を表しています。「妻がいつ帰ってきてもいいように，歯ブラシも当時のまま」と語る人もいます。このような故人に対する思慕と探求は，死から間もない時期の悲嘆の一般的特徴であって，決して異常ではありません（Bowlby, 1980）。

　前述したように悲嘆は自然な反応であり，それ自体は病気ではありません。ただ，時にはうつ病や複雑性悲嘆が生じることがありますので，そういう場合には心理療法や薬物療法などの治療が必要になります（第3章参照）。

（4）予期悲嘆（anticipatory mourning）

　予期悲嘆という言葉を初めて紹介したのはリンデマン（Lindemann, 1944）です。リンデマンは，戦争のために軍隊に徴集された人の家族が別れを経験した時に，まだ死別を経験していないにもかかわらず真の悲嘆反応が生じることを発見し，それを予期悲嘆と名づけました。予期悲嘆でも，すべての悲嘆の位相を通過し得るものです。

　患者の死が近づいている時に，医療者は「家族の予期悲嘆」という言葉を用います。家族が患者の死が近いことを予期した時に生じる悲嘆です。家族は大切な人が死ぬということを容易には受け入れられず，現実を否認したり，医療者に怒りをぶつける「置き換え」などの防衛機制を用いることもあります。これは衝撃的な事実から自分を守るための反応です。そこから徐々に現実を受け止められるようになっていきますが，中には患者の死まで防衛機制を用いざるを得ない人たちもいます。

　鈴木（2003）は，家族の死への気づきに対する心理的反応として，①死の過程に対する衝撃，②溢れ出る悲しみ，③不確かな状況への没入，④死の過程の感知，⑤家族の限界の実感，⑥生への希求，⑦死にゆく人の安寧の切望，の七つを挙げています。また，予期悲嘆のプロセスとして，①衝撃と無感覚

の局面，②否認の局面，③苦悩する局面，④受け容れていく局面，があると述べています。

ウォーデン（Worden, 2018）は，死の予期によって生じる喪（悲嘆）のプロセスについて，三つの課題という視点で整理しています。課題Ⅰは，喪失の現実を受け入れることです。つまり，その人が早かれ遅かれ亡くなるという事実を意識化し，受け止めることです。課題Ⅱは，予期悲嘆の痛みに向き合うことです。予期的な感情は死別後に生じる感情と関連しています。終末期によくみられる感情として押し寄せる不安がありますが，これには，愛する人との間で起きる分離不安に加え，自分の死への自覚が募ることによる実存的不安が含まれます。課題Ⅲは，故人がいなくなった世界に自分自身を適応させることです。「子どもたちをどうしよう」「ここに住もうか，実家に戻ろうか」などといった問題を一通り考えてみる「役割のリハーサル（role rehearsal）」を行います。役割のリハーサルは正常なものであり，難局に対処するために重要な役割を果たすといわれます。

一方，ランド（Rando, 2000）も，予期悲嘆は単なる反応ではなく，個人内，個人間および集団の中で，適応に向かう七つの働きを含むといいます。七つの働きとは，①悲嘆と悲哀，②コーピング，③相互作用，④心理社会的再構築，⑤計画を立てる，⑥相反する要求とバランスをとる，⑦望ましい死を促進する，です。ランドによると，予期悲嘆では，生命が脅かされている人や死にゆく人，その家族，関係のある他者および支援者が，過去，現在，未来の喪失を経験します。その経験は，心理的，社会的および身体的要因の影響を受けます。

ところで，予期悲嘆として死別前に悲嘆を経験しておけば，死別後の悲嘆は軽減されるのでしょうか？　たしかに突然の事故などの急死に比べれば，がんなどの病気を経て亡くなるほうが，遺される家族は亡くなることに対する心の整理や準備ができるかもしれません。しかし，だからといって，死の予期が死別後の悲嘆の軽減につながるとは必ずしもいえないのです。遺族は，「入院している時は病院に行けば会えた。でも，いまはもう会えない」「声が聞きたい」と涙を流します。「覚悟なんてあろうがなかろうが，ひとり残さ

れた寂しさって同じだろうと思いますね」「覚悟していないから悲しいのではなくて，覚悟していても悲しい」という遺族の言葉は，予期悲嘆を経験していれば死別後の悲嘆が軽減されるわけではないことを教えてくれます。予期悲嘆と死別後の悲嘆は同じものではありません。第5章でも触れますが，「この家族は患者の死を受け入れ，悲しみを表出できていたから，患者が亡くなっても大丈夫だ」と考えるのは間違いであることを知っておいてください。

（5）喪（mourning）

「喪に服する」という言葉が示すように，喪は悲嘆を公に表す行為です。喪は，喪失によって傷ついた個人の自然な感情に焦点を当てたものではなく，社会や文化の中で，宗教や慣習に従って行動することです（Stroebe & Stroebe, 1987）。喪の行動が悲嘆の段階と一致していなくても，義務として従うことが求められます。

一方，通夜，葬儀，初七日，四十九日，百箇日，新盆，一周忌，三回忌，七回忌といった喪の営みは，遺族の心情を実によくとらえた時期になっています。このような日本の伝統行事である法要は，故人の思い出を家族や親族と語り合うことができる点で，グリーフケアの一翼を担っています。私たちの先祖の知恵といえるでしょう。

しかし，最近は喪の儀式が簡略化されてきています。無駄な出費を省くのはよいことですが，簡略化されすぎて，遺族が支えられる機会まで失ってしまうことは大変残念です。

以上の説明は喪を「服喪」ととらえたものですが，ウォーデン（Worden, 2018）のように，喪失後の（喪の）プロセスという意味で用いる場合もあります。

（6）公認されない悲嘆（disenfranchised grief）

悲嘆の中には，公認されない悲嘆があります。公認されない悲嘆とはドカが提唱した概念で，公には認識されず，社会的に正当性が認められない悲嘆のことを指します（Doka, 2002）。公認されない悲嘆を抱える人は，強い苦痛があるにもかかわらず孤立しやすいため，悲嘆の領域ではきわめて重要な概

表2-2　公認されない悲嘆の分類（坂口, 2022b を改変）

認められない関係：恋人，同性愛のパートナー，友人，隣人，里親，同僚，過去の配偶者や恋人，施設の同室者，支援職と支援の対象者の関係　など
認められない喪失：流産や死産，中絶，ペットの死，認知症の悪化による心理社会的喪失，災害や事故などによる行方不明　など
排除された人：幼い子ども，高齢者，脳損傷の患者，認知症の高齢者，精神疾患や知的障がいのある人たち　など
喪失の状況：自死やエイズによる死，原発事故やパンデミックなど人々に恐怖を与える出来事による喪失や死　など
悲嘆の表し方：それぞれの社会や文化における暗黙の規範からはずれる場合　など

念です。同性愛のパートナーや婚姻関係にないパートナーなど社会的に認められない関係や，ペットの死などの社会的に認められない喪失，自殺（自死）など社会的に公にできない状況の死などが含まれます（表2-2）。このような死別を経験した人たちは，周りからのサポートを得にくく，喪失を抱えた家族全体に影響が及んでいる場合が多くありますので，より配慮が必要であると考えてよいでしょう。

（7）あいまいな喪失（ambiguous loss）

「あいまいな喪失」は，ボスが提唱している概念で，あいまいなまま継続する喪失のことをいいます（Boss, 2006）。ボスは「あいまいな喪失理論と介入方法」としてその支援方法をまとめており，日本には東日本大震災後に大きく紹介されました。「死別」のように喪失が確定している状況に比べ，「行方不明」のように愛する人が生きているのかどうかが明確でない喪失では，悲しむことも，悲しみに対処することも一層難しく，ボスは，遺族と行方不明者家族とを区別して支援することを勧めています（瀬藤・石井, 2015）。

また，ボスはあいまいな喪失を，喪失したかどうかがあいまいな「さよならのない別れ」と，喪失の状況のあいまいさが心理的混乱を引き起こす「別れのないさよなら」の二つのタイプに分けています（図2-1）（Boss, 2006）。この二つのタイプに含まれているからといって，必ずしもあいまいな喪失の介入方法を使わなければならないわけではありませんが，ボスの支援の考え

Type I Leaving without Goodbye さよならのない別れ	Type II Goodbye without Leaving 別れのないさよなら
物理的には不在だが， 心理的には存在している状態 ＝ 喪失の確証がなく， あいまいに喪失している状態 【例】・家族が行方不明の状況 　　・誘拐 　　・故郷を離れ違う土地に移り住むこと 　　（移民，災害・戦争後の避難など）	物理的には存在しているが， 心理的には不在な状態 ＝ 確実に喪失しているが， 状況があいまいで受け入れがたい状態 【例】・認知症や精神障がいの患者家族の状況 　　・周産期の死別 　　・新型コロナによる死別 　　・災害や戦争後に，故郷の街が以前と 　　　はまったく姿を変えること

図2-1　あいまいな喪失の二つのタイプ（Boss, 2012を改変）

方は，遺族支援にも非常に役立つものです（第10章参照）。

（8）心的外傷後成長（posttraumatic growth）

　心的外傷後成長（posttraumatic growth：PTG）は，テデスキらが子どもを亡くした遺族の支援を行う中で提唱した概念で，「外傷的な出来事をきっかけとする精神的なもがきの結果として経験される肯定的な心理的変容」と定義されています。ここでの「外傷的な出来事」には，広く人生を揺るがすような出来事，つまり死別はもちろんのこと，障がいや疾患を抱えること，離婚や別離，家族の問題など，広範囲の出来事が含まれます（Tedeschi & Calhoun 2004b；宅, 2014；2016）。

　このような出来事に起因する苦しみは，長く「心の傷（トラウマ）」として扱われてきましたが，1995年にPTGが提唱されたことで，そのような苦しみにも肯定的な側面があることに目が向けられるようになりました（宅, 2014；2016）。たとえば，闘病中の患者や死別を経験した遺族から「周囲の人たちへの思いやりや感謝の気持ちが強くなった」「当たり前に感じていた日常をもっと大切にしようと思えるようになった」といった言葉が聞かれることがありますが，PTGは，このようなつらい出来事を通して得たポジティブな変化に着目した概念です。現在では，精神・心理の専門家のみならず，

医療従事者など対人援助職に広く知られる用語ですが，この概念を理解することで，遺族に内在する力など，支援の手がかりとなる新たな視点を見出せる可能性があります（瀬藤・前田, 2020）。

（9）レジリエンス（resilience）

レジリエンスは，「その人自身がもっている回復力」「柔軟な適応力」を指す用語です。死別のような強いストレスを伴う出来事に遭遇した時，私たちはそのストレスに押し潰されてしまうこともあれば，反対に，それまでもっていた以上の柔軟性や強さを発揮することもあります。そのような力が，まさにレジリエンスです。いま，レジリエンスの概念はあらゆる領域で注目されており，グリーフの領域でも，ボナノ（Bonnano, 2004）やボス（Boss, 2006）などが，遺族のレジリエンスを尊重し，支援することが非常に重要であると述べています。また，前述したPTGとも近接する概念です。

さまざまな要因によって，レジリエンスは高まることもあれば，阻害されることもあります。たとえば，死別後に心ない言葉をかけられたり，誤った社会的通念や周囲からの圧力に脅かされたりすると，レジリエンスは損なわれます。また，大規模災害など，その人を取り巻く家族や地域のダメージが大きい場合は，遺族個人のレジリエンスだけでなく，家族・地域といったより大きなシステムのレジリエンスを高めることが重要になります（瀬藤・石井, 2015；Boss, 2021）。

レジリエンスを高めることは，激しい強風で傾いた樹木に対し，傷んだ枝や葉を切り落とし，倒れてしまわないように添え木をし，肥料を与えるなど，「必要な手当てをすること」に似ています。傷ついた樹木は，手当てしてこそ，みずからの力で再び成長し，以前とは異なる枝ぶりの大樹となるのです（瀬藤・前田, 2020）。

死別にまつわる神話と真実

一般に，「死」や「死別」は忌むべきものとしてとらえられ，多くの人が，

表2-3　死別神話の例（Burnell & Burnell, 1989を改変）

・時間が経てば悲しみは癒される
（真実）時間は大きな助けになりますが，愛する人を失った悲しみは一生消えるものではない。多くの遺族は，悲しみをもちながらも，故人のいない新しい生活に適応していく

・喪失について考えないようにするほど，苦しみは少ない
（真実）悲しみ，嘆き，亡くなった人を思うことはまったく正常な反応であり，遺族にとって亡くした人は忘れられない存在である。悲しみを過度に回避したり，無視することは，悲嘆を長引かせることがある

・死別や悲しみに触れないほうが，遺族の助けになる
（真実）過度に踏み込むことは避けるべきだが，悲しみを表現したり，話したりする場があることは，遺族の助けになることが多い

・泣いたり，自分の思いを多く話す人は，感情を表出しない人よりも苦しんでいる
（真実）表出された悲嘆が，心の内面の悲しみを反映しているとは限らない。とくに男性や子どもの場合，表出される悲嘆と実際の悲嘆は，しばしば異なることがある。また，悲嘆は文化や社会的背景にも影響を受ける

・子どもは大人ほど悲しみは深くないし，たとえ悲しんだとしても短い期間で乗り越える
（真実）大人と同様，子どもも深く嘆き悲しむが，それを大人と違った形でしか表現できない。また，愛する家族のことを忘れることはない。子どもは大人に比べ，死を理解しにくかったり，感情を表現する力が未熟であるため，しばしば大人以上に傷つき，正しい情報を得られないなどの不利益を被ることがある

死に対する誤った考え方や信念をもちやすいことが知られています。ワートマンら（Wortman & Silver, 1989）は，悲嘆に関する社会的通念や認識の多くが誤解に満ちた「神話」であると主張しました。それらは「死別神話」と呼ばれ，代表的には表2-3のようなものがあります（Burnell & Burnell, 1989）。

　このような死別神話は，遺族のレジリエンスを損なう要因の一つになるといわれています。そのため，遺族の支援を行う場合には，あらかじめ正しい知識を学び，死別神話を払拭しておくことが重要です。

悲嘆とトラウマの概念

　いわゆる暴力的な死（violent death）といわれるような災害，事件や事故，自死などで大切な人を失うと，死別という出来事がトラウマ体験となり，悲惨な光景が頭から離れず，恐怖や脅威を強く感じることがあります。そのよ

表2-4 悲嘆（グリーフ）とトラウマの相違点 (瀬藤・前田, 2019)

	悲嘆（グリーフ）	トラウマ (trauma)
焦点	亡くした人	受け入れがたい出来事・光景
背景	愛着と分離不安	恐怖・脅威
中核症状	悲哀・思慕	再体験, 回避・麻痺, 過覚醒
相互関係	必ずしもトラウマを伴わない	必ず喪失を伴う
日常生活への支障	強い症状が長期に継続した場合, 複雑性悲嘆を考慮する	1ヵ月以上の症状の継続はPTSDを考慮する
介入の焦点	故人との内的関係性の再構築	トラウマ記憶の処理 自己コントロール感の再構築

うな状態が続くと，トラウマによって悲しみも凍りつき (frozen grief)，悲嘆過程がまったく進まなくなる場合があります。死別の状況によっては，このように悲嘆反応とトラウマ反応が併存していたり，複雑性悲嘆とPTSD（心的外傷後ストレス障害：Posttraumatic Stress Disorder）が併存していたりする場合があるため，遺族の支援者は，悲嘆とトラウマの概念を整理して理解しておくことが重要です[※2]。両者には類似点が多くあるため混同されやすいのですが，本質的にはまったく異なるものです。

　表2-4は，悲嘆（グリーフ）とトラウマの相違点を示しています。悲嘆の背景には，亡くした「人」への"愛着"や"愛おしさ"があり，一方のトラウマの背景には，心理的苦痛を引き起す「出来事」への"恐怖・脅威"があります。本質的に，トラウマの記憶はその人にとって非常に受け入れがたく，忘れ去りたいものですが，それとは逆に，グリーフの背景にある亡き人への思いや思い出は，その人にとってかけがえのないものであり，むしろ忘れることに対して恐れや苦痛が生じます（瀬藤・村上, 2011；瀬藤・前田, 2019）。また，支援においても，初期には似通った部分もありますが，治療を行う場合は，介入の焦点がまったく異なります。したがって，トラウマ反応が強く出ている遺族に対しては，トラウマの専門家との連携が非常に重要となります。海外では，大規模な事故や災害後に，トラウマの専門家とグリーフの専門家

　※2　トラウマを伴う死別は，必ずしも暴力的な死だけではありませんが，暴力的な死ではとくに，遺族はトラウマと悲嘆の両方の影響を受けやすいといわれています。

が連携して支援にあたっています。連携をとる場合は，両者の専門性をよく理解したうえで協働することが重要です。

悲嘆の理論

　悲嘆の理論は，フロイトやリンデマン，ボウルビィ，パークス，ウォーデン，ランド，クラス，シュトローベ，ニーマイアー，ボスなどの著名な研究者らによって発展してきました。それぞれの理論のベースとなる枠組みは，最も主流である愛着モデルのほかに，認知モデル，ストレスモデル，対処モデルなどさまざまな基盤があり，それらを理解しておくと，実際の支援を行ううえでも役立ちます。

　ここでは，遺族の支援者が知っておきたいいくつかの悲嘆の理論を紹介します。これらの理論の中で扱われている「喪の作業」「愛着」「喪の課題」「継続する絆」「対処」「意味」といった用語は，遺族支援でしばしば扱うキーワードともいえる用語や概念で，一つひとつの用語を理解しておくことが重要です。

（1）デカセクシス理論

　悲嘆の理論は，フロイトが「悲哀とメランコリー」の中で，正常な悲哀のプロセスと病的なメランコリー（現在でいううつ病）との違いを論述したことが最初であったといわれています（Freud, 1917）。フロイトは，リビドー（libido）と呼ばれる心的エネルギーが，特定の感情や思考に注がれることを充当（cathexis），それが過剰な状態を過充当（hyper-cathexis）と呼び，悲嘆は，亡き人への過充当が減じていく過程（脱充当，de-cathexis）であると述べました。そして，亡き人への執着がなくなり，新しい人間関係や活動にエネルギーが注がれるようになれば，悲嘆は完了できると考え，そのためには喪の作業（mourning work）が重要であると考えました。

　この論考を発端に，「死別後，悲しみを終わらせるためには，愛する人への思いや，愛する人との絆を断ち切ることが重要である」という考え方が，

数十年の間，死別研究の理論的ベースとなりました。その後，「故人との絆を断ち切る」ことを強調したこの理論は批判をあびることになりますが，実際は，フロイト自身が愛する娘を亡くした後，亡き娘への思いを断ち切れないことをビンスワンガーへの書簡に残しており，私生活では娘の死によって，考え方が変わったといわれています（瀬藤・阪・丸山, 2004）。

（2）愛着理論

ボウルビィは，乳幼児と養育者の間に形成される愛着（attachment）を研究する児童精神分析医でした。彼は，特定の対象への愛着行動は人間にとって普遍的なものであり，それが人間関係や社会的な行動などの内的ワーキングモデルの基盤になると考えました。また，死別体験を「人間がこうむる最も強い心の痛みを伴う経験の一つ」と考え，故人との愛着が強ければ強いほど，悲嘆は深刻で苦痛なものとなると述べています（Bowlby, 1980）。愛着理論と呼ばれるこの考え方は，現在も死別研究の基盤となっています。ボウルビィの研究は，その後，同僚で共同研究者でもあったパークスに引き継がれました。パークスによって，故人への愛着がいかに死別反応や悲嘆のプロセスに影響するかについて，多くの研究報告がなされました（Parkes, 1972）。

（3）喪の過程における四つの課題

ウォーデンは，1970年代から，ハーバード大学やシカゴ大学で精神保健専門職などに向けた遺族支援のトレーニングコースを主催した精神科医で，「喪の過程における四つの課題」を考案したことで有名です（表2-5）。「タスクモデル」[※3]と呼ばれる遺族が取り組む課題についてまとめた彼の著書 *Grief Counseling and Grief Therapy* は，遺族支援の標準テキストとして世界中で

※3　ウォーデンのタスクモデルに類似するものとして，ランドの「六つの"R"モデル」も有名です（Rando, 1993b）。彼女は，遺族が喪失に適応するために必要なものとして①喪失の認識，②分離への反応，③記憶と再体験，④執着と思い込みの放棄，⑤新しい世界への再適応，⑥新しい活動や人間関係への再投資，を挙げ，内容も順序もウォーデンの四つのモデルと類似しています。

表2-5　喪の過程における四つの課題（Worden, 2018を改変。⇒は筆者追記）

第一の課題：喪失の現実を受け入れる ⇒その人はもう戻ってこないという事実に直面し，喪失の現実を受け入れる
第二の課題：喪失の苦痛に向き合う ⇒喪失に向き合い，少しずつ感情を解放・整理していく
第三の課題：故人のいない世界に適応する ⇒役割やアイデンティティを再構築し，新しい生活に適応するための力を身につける
第四の課題：新たな人生を前に進める中で，故人とのつながりを見出していく ⇒新しいことにエネルギーを投入し，その人はずっと見守ってくれているといった故人とのつながりを見出す

翻訳されています（Worden, 2018）。支援においても，この課題を知っておくことがしばしば役に立ちます（165頁参照）。

（4）継続する絆（continuing bond）

　フロイトのデカセクシス理論以降，悲嘆の回復には，故人との絆を断ち切り，新しい対象に気持ちを向けることが大切であるという考え方が優勢でした。しかし，1980年代半ば，シルバーマンらは親を亡くした子どもたちの研究（Silverman & Worden, 1993），クラスらは子どもを亡くした親たちの研究から，「継続する絆」という概念を提唱し，現在もその概念を発展させています（Klass & Steffen, 2017）。

　「継続する絆」に関する研究でわかったことは，遺児や遺族は，死別後も心の中で故人と話したり，その人がそばで見守ってくれていると感じることが支えとなり，亡き人との「絆」を保ち続けながら，次の人生に向かうというものでした。当時としては革新的だったこの考え方は，現在では，支援を行ううえで重要な概念の一つになっています。この考え方をもとに，先に述べたウォーデンの四つの課題のうち第三・第四の課題は，現在，死者への思いを「あきらめる」「断ち切る」のではなく，むしろ「いかに故人との絆を保つか」が焦点であると考えられています（Worden, 2018）。

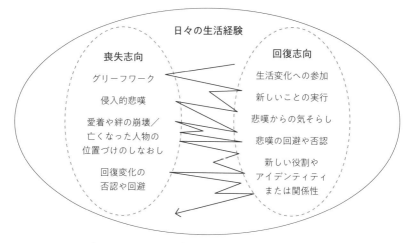

日々の生活経験

喪失志向
グリーフワーク
侵入的悲嘆
愛着や絆の崩壊／
亡くなった人物の
位置づけのしなおし
回復変化の
否認や回避

回復志向
生活変化への参加
新しいことの実行
悲嘆からの気そらし
悲嘆の回避や否認
新しい役割や
アイデンティティ
または関係性

図2-2　死別のコーピングの二重過程モデル（富田らの訳書〔2007〕より引用）

（5）死別のコーピングの二重過程モデル

　シュトローベらが1999年に提唱した「二重過程モデル（dual process model）」は，死別への「対処」に焦点を当てたモデルです（Stroebe & Schut, 1999）（図2-2）。このモデルでは，死別に関連する二つのストレス要因，すなわち「喪失や悲嘆」に関連するストレス要因と，「回復」に関連するストレス要因を想定しています。そして，死別に適応する過程においては，心の痛みを経験しながら悲しみに向き合う「喪失志向」と，現実の生活や新しい役割に向かう「回復志向」の間を揺らぎながら対処すると考えました[※4]。この揺らぎ（oscillation）は，対処を効果的に行うための調整プロセスの役割を果たすと考えられています。支援においては，泣いてばかりで新たな生活に目が向かない状態や，反対に，過度に忙しくすることで悲嘆を回避している状態など，遺族がどちらか一方の対処パターンに固着していると死別後の適応が進みにくいと考え，不足しがちな対処行動を促していく場合があります

　※4　このモデルでは，「喪失・悲嘆」と「回復」の両方のストレスに同時に対処することはできないという前提で，その二つを独立したものとして扱っています。しかし，「喪失」と「回復」への対処は同時に進んでおり，それらはコインの裏表の関係であると主張する研究者（Hedtke & Winslade, 2004）もいます。

（148頁参照）。

（6）意味の再構成理論

　1990年代後半，臨床心理学者のニーマイアーらによって，構成主義の立場から，喪失の意味づけや意味の再構成を強調するグリーフの理論が加わりました。構成主義とは，「知ること，学習することで，意味を見出すこと」を重要視する学派であり，その人がその人なりの意味を構成していく過程を「学習」ととらえています。ニーマイアーは，遺族の悲嘆過程においては，「私の人生は，これからどうやって生きていけばよいのか」「愛する人がいないいま，私は何者なのか」「なぜ，私にこのようなことが起こったのか」といった死別の意味を再構築するプロセスがとくに重要であると考えました。そして，そのプロセスを支える数多くの支援技法をまとめ，多数の著書（Neimeyer, 2012；2015など）を出版しています。彼は，遺族自身が，自分の死別の物語を一貫したものとして整理する中で，死別の意味づけを見出し，それを新しいライフストーリーにつなげていくことを重視しています（143頁参照）。

（7）家族の悲嘆（family grief）

　家族療法は，死別研究の長い歴史をもっています。家族療法家のウォルシュやボーエン，キセイン，ボスなどは，死別の悲しみは「家族」に起こると考え，家族がもつ習慣，儀式，文化，宗教，タブーなどによって，家族一人ひとりの悲しみの表出（喪）のパターンが変わることを強調しています（Walsh & McGoldrick, 2004）。たとえば，ある家族では，そのような個人を取り巻くシステムの影響を受け，思いやりのある支え合いが生まれますが，別の家族では，家族内の秘密や沈黙（死の経過や死因，故人に関することを家族内でも隠すなど），故人に関する話題の回避が起こる場合があります。それは個々の家族の悲しみにも大きな影響を与えることから，家族療法では，遺族個人をアセスメントするのと同じくらい，家族のアセスメントを重視します。また，それまでの家族の喪失への対処や，死別による家族の力動の変化など

にも着目し，家族の喪に影響を与える要因を評価し，家族相互のサポートや結束力，コミュニケーションなどに対して，システミックな視点で支援することが重要であると考えます（158〜160頁参照）。キセインらは，このような考えをもとに，末期がん患者の家族に対する死別前からの「家族指向グリーフセラピー（family focused grief therapy）」を考案しています（Kissane & Bloch, 2002）。

（8）リ・メンバリング

　ヘツキとウィンズレイドは，亡き人（あるいは死にゆく人）との関係性に焦点を当てたナラティヴセラピーの中で，その人と過ごした経験や思い出を語ることや，その人をずっと覚えておくこと（リメンバー）が，遺された人にも逝く人にも，大きな喜びをもたらすことに着目しました。ヘツキらは，関係性を手放すように働きかけるそれまでの伝統的な悲嘆療法に強く反論し，遺族が大切と感じる人間関係（メンバーシップ）の中に死別後も故人が存在し続けられるよう，「リ・メンバリング」という独自の考え方を提唱しています（Hedtke & Winslade, 2004）。

　また，悲嘆を単に死別の「反応」ととらえるのではなく，何をどのように語るかによって遺族の死別後の経験も変わると考え，家族や遺族との対話をとくに重視し，その中で，亡き人について積極的に取り上げていくナラティヴセラピーを実践しています。たとえば，終末期の人に対しては「自分が亡き後，家族にあなたの何を覚えておいてほしいですか」といった質問を投げかけます。また遺族に対しては，亡き人が自分に与えた影響や，その人とともに過ごした経験が人生にもたらした価値を一緒に振り返ったり，「その人がいまのあなたの姿を見て，何と言われると思いますか？」といった質問によって，故人の目線を通して新たな生き方を創造するよう働きかけたりするなど（97〜98頁参照），ヘツキらが実践するカウンセリングでは，いつも「リ・メンバリング」を軸に質問を投げかけます（Hedtke & Winslade, 2016）。

コラム ②

遺族に「つらくて仕方ない」と言われました。
自分の病院内には遺族ケアのシステムが
ない場合,どうすればよいですか?

　まず,遺族があなたに対して,そのようにつらい気持ちを表出できたことに,大きな意味があります。もしかすると,ほかでもない,あなたに聞いてほしかったのかもしれません。まずは,何とかしよう,何かできないかと先回りせず,一度でもかまわないので,その遺族のお話をゆっくりと伺う機会をもってください。お会いした時に,遺族の症状だけでなく,抱えている困りごとやニーズも含め,ある程度アセスメントできると思います。できれば,「このような時に支えになってくれる人は誰かいませんか?」と尋ねて,ほかの人からのサポートが得られないかについても,話し合ってみましょう。場合によっては,心理教育を行ったり,支援機関につないだり,専門家に紹介することが必要かもしれませんが,まずは,どのような支援を望んでいるか,ニーズを確認することが大切です。遺族の場合,たった一回の面接でも非常に意味があります。ただし,もし何らかの切迫する状況があれば,ひとりで抱えず,あなたが信頼できる精神・心理の専門家や,地域の相談機関などに相談してください。

第 3 章

「通常の悲嘆」と
「通常ではない悲嘆」

第1章で述べたように，愛する人を失った悲しみは，本来，喪失に対する
とても自然な反応です。多くの遺族は，死別後数週間から数ヵ月（場合によ
っては1年～数年）で，悲しみが自然に和らいでいきますが，これは「通常の
悲嘆」と呼ばれています。一方，少数の遺族は，強い悲嘆反応や心理的苦痛，
さまざまな症状が長引き，通常の悲嘆の経過をとらず，専門家による治療や
介入が必要となる場合があります。このような状態を「通常ではない悲嘆」
と呼びます。

「通常の悲嘆」も「通常ではない悲嘆」も，それぞれに合ったケアや支援
方法があります。そのため，適切な遺族支援を行うためには，両者の概念や
アセスメント方法を知っておくことが重要です。そこで本章では，この「通
常の悲嘆」と「通常ではない悲嘆」についてまとめます。

「複雑性悲嘆」とは

自然に和らぐ大部分の悲嘆反応は，「正常反応 (normal reaction)」あるいは
「正常悲嘆 (normal grief)」といいます。一方，生活や健康に長期にわたって
深刻な影響を及ぼす悲嘆に対しては，歴史的には「病的悲嘆 (abnormal grief/
pathological grief など)」や「外傷性悲嘆 (traumatic grief)」といった名称が用
いられてきました。しかし，両者に明確な境界を引けないこと，「病的」と
いう表現が誤解を生みやすいこと，「外傷性」という言葉が「PTSDを伴う
悲嘆」と勘違いされやすいことなどから，近年は「複雑性悲嘆 (complicated
grief)」という名称が最も一般的に使用されています（瀬藤・丸山・加藤,

2008）。また，「正常悲嘆／病的悲嘆」ではなく，現在は「通常の悲嘆／通常ではない悲嘆」と言い換えることが増えています。

　遺族の支援者の中でも，とくに第１章で述べたステージ２の支援者は，リスクの高い遺族，すなわち「通常の悲嘆から逸脱する」経過をとる危険性の高い遺族を，必要に応じて専門家につなぐ役割があります。この「通常の悲嘆から逸脱する」状態には，複雑性悲嘆以外にも，うつ病，適応障害，PTSD，アルコール依存症などが含まれますが，ステージ２の支援者は，これらの病態の基礎知識をもっておくことが望ましいと考えられます。実際の病名の診断や鑑別，そして治療は，ステージ３の精神・心理の専門家が行います。

　とくに複雑性悲嘆については，死別後の悲嘆に特化した病態であり，理解しておくことが非常に重要です。また，最近，国際的な診断基準の中で精神疾患の一つとして正式に認められるようになりました（後述）。ここではまず複雑性悲嘆の基本事項についてまとめていきます。

（1）複雑性悲嘆の定義や概念

　複雑性悲嘆の定義や概念は，実はまだ確立しておらず，歴史的にも明確にすることが難しいとされてきました。たとえば，死別研究の先駆者であるラファエルやランドは，「正常な悲嘆でさえ何か一つの理論で説明することは難しい」（Raphael et al., 2006），「悲嘆は多様，複雑性悲嘆は多彩で複雑な病態」（Rando, 2013）と述べ，悲嘆のバリエーションがいかに多いかを指摘しています。そのうえで，ランドは，複雑性悲嘆を「愛する人の死後，十分な時間が経過しても，悲嘆のプロセスに一つ以上のゆがみや失敗がある状態」と定義し，喪失の予後を図3-1のように分類しました（Rando, 1993b）。この図では，死別に起因した精神疾患や身体疾患も，複雑性悲嘆の範疇に含まれています。

　一方，悲嘆研究の第一人者であるプリガーソンらは，複雑性悲嘆を「死別の急性期にみられる強い悲嘆反応の統合が妨げられ，長期に持続し，社会生活や精神的健康など，重要な機能の障害をきたしている状態」と定義しています（Lichtenthal et al., 2004；Prigerson et al., 2009）。この状態は，図3-1の中で

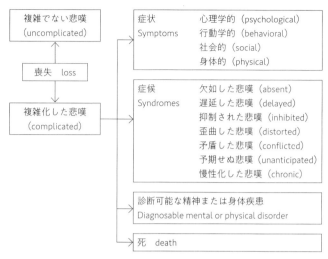

図3-1 喪失の潜在的予後（日本語訳は瀬藤・丸山・加藤, 2008）

は，強い悲嘆反応が長期に持続する「慢性化した悲嘆（chronic grief）」の定
義に含まれると考えられています。この「悲嘆の慢性化・遷延化」，すなわ
ち「死別後，時間が経過してもずっと悲嘆反応が和らがず，長引いている状
態」が，現在，治療を行ううえで最もよく使用されている複雑性悲嘆の定義
であり，近年いくつか考案されている複雑性悲嘆の心理療法の多くは，この
定義に基づいています。ただし，この定義では，欠如した悲嘆や歪曲した悲
嘆など慢性化した悲嘆以外の悲嘆の症候は，複雑性悲嘆に含まれないことに
なります。

（2）複雑性悲嘆の診断名

複雑性悲嘆という用語は，長く病名ではなく，多彩な悲嘆の症状を伴う
「症候群（syndrome）」として扱われてきました。しかし，一部の遺族は悲
嘆反応が長引き，専門的な治療が必要なケースが考えられることから，近
年，この病態を精神疾患の一つと位置づけようとする動きが活発になりま
した（瀬藤・丸山・村上, 2005）。そして，専門家による長い議論の末，2019
年にWHO（世界保健機関）の診断基準であるICD-11に，2022年にはアメリ

カ精神医学会の診断基準であるDSM-5-TRに，"Prolonged Grief Disorder（遷延性悲嘆症：仮和名）"という診断名が含まれました（WHO, 2019；American Psychiatric Association, 2022）。このように疾患の一つとして認められたことで，病態の解明が進んだり，長期に苦しむ遺族が専門家による適切な治療を受ける機会が増えたりするなど，悲嘆の研究や支援体制作りに大きな前進が期待できると考えられています。

　一方，悲嘆に病名をつけることに対して，非常に多くの反対意見もありました。たとえば，現時点では診断や治療に関するエビデンスが少なすぎるという意見，遺族を治療できる機関が少ない現状で診断するのは時期尚早という意見，治療の必要がない通常の悲嘆を治療してしまう危険性が増すという意見，「長く悲しむ人は弱い人」といったスティグマが増す危険性があるという意見，などです。とくに通常の悲嘆反応を「病理化」「医療化」してしまう懸念は根強く，それを防止する努力が続けられています（Lichtenthal et al., 2018）。最終的に疾患名として認められたものの，このような問題点が解決されたわけではありませんので，今後も重要な課題として取り組む必要があります。

　また，現在，「複雑性悲嘆」「遷延性悲嘆」「遷延性悲嘆障害」「通常ではない悲嘆」など，複数の用語が飛び交っています。その違いは何かとよく尋ねられますが，慣用的にそれらをほぼ同義語として扱ってかまいません。ただし，厳密には複雑性悲嘆と遷延性悲嘆の概念は同じではないと考えている研究者もおり（Rando, 2013；Boelen & Prigerson, 2013），今後，それぞれの用語の定義や概念をさらに明確にしていく必要があります。

（3）複雑性悲嘆の症状

　急性悲嘆の症状や苦痛の程度は非常に個人差があります。たとえば，死別後に憔悴しきった様子で引きこもっていたり，故人が使っていた部屋に入ったり，服や愛用品を見ると涙が止まらなくなったり，その人の声が聞こえた，街でその人の姿を見かけたといった話が出たりしても，一過性であれば，それらは通常の悲嘆でもしばしば起こる現象です。したがって，急性期のこの

ような反応の多くは，原則，病気として扱ってはいけません。問題となるのは，悲嘆反応が和らぐことなく，強いレベルで長期間続き，故人への強いとらわれや，死に関連した強い苦痛などが，日常生活や社会生活に強い影響を及ぼす場合です。

　ここで，「症状が死別後何ヵ月以上持続した場合，通常の悲嘆ではないと診断できるのか」という問いが浮上しますが，この持続期間に関しても，現在はまだ論争が続いています。死別直後の急性の悲嘆反応は，自然に減弱する可能性が高いため，少なくとも死別後半年から1年以降で診断するのが妥当であるとされています[※1]。持続期間が定まらない理由の一つとして，正常反応でも出現する症状を精神疾患のマーカーに入れると，偽陽性診断率（疾患でない状態を疾患と診断してしまう確率）が高くなる危険性が常にあり，悲嘆反応は常にこのリスクを伴うためです（Boelen & Prigerson, 2013）。

　とくに臨床の現場では，専門家につなぐタイミングには十分な配慮と見極めが必要だと感じています。たとえば，筆者の経験では，子どもを亡くした母親の多くは，死別の半年後に悲嘆のスクリーニング尺度でアセスメントすれば，おそらくほとんどがカットオフポイント[※2]を超えるのではないかという印象をもっています。しかし，三回忌（2年）を超えると，治療や介入を受けなくても，悲嘆が和らいできたと感じる母親は多くいます。このように，何年もかけて，自分の力で回復していく方が実際におられることを，支援する立場の人たちは知っておく必要があります。大切なことは，症状だけでなく，遺族のニーズも尊重し，何らかの支援ニーズがある場合は，まずは遺族自身が望む支援につながることです。

　では，望む支援につなげばそれで済むかというと，そうとも限りません。正常から逸脱した悲嘆は，時間を置いても，グリーフケアやグリーフカウンセリングだけでは，回復しない場合があるからです。たとえば，そのよう

※1　診断可能な時期は，現在，ICD-11では死別後半年以降，DSM-5-TRでは死別後1年以降と，国際基準においても異なっています。
※2　カットオフポイントとは，検査や評価をした時に，陽性・陰性（＋や－）を区分する点であり，臨床上は，治療や介入を考慮する一つの目安となります。

な状態が何年も続くと，故人のイメージやこれまでの記憶が断片的で混乱したものとなり，かつては安心や幸福感をもたらした故人との思い出さえも落ち込む原因となり，人生を前に進めることができなくなることがあります（Bonanno, 2009）。したがって，悲嘆反応がずっと減弱しない場合は，かかわる支援者が，適切な時期に専門家と連携したり，専門家につなぐことが重要となります。症状の推移，回復のスピード，遺族のニーズを確認したうえで，リスクの高い遺族に対して，慎重な対応を考えていく必要があります。

（4）複雑性悲嘆の有病率

　現在のところ，複雑性悲嘆の病態はまだ解明されておらず，悲嘆の尺度が開発されるようになったのも最近のことです。たとえば，現在，最もよく使用されている複雑性悲嘆質問票（Inventory of Complicated Grief：ICG）の日本語版は，中島らによって2010年に作成されました（中島他, 2010）。また，複雑性悲嘆の有病率は，調査の対象，死因，測定時期や測定尺度などによって，調査結果がかなり異なります。近年の疫学研究では，日本の一般住民における死別後10年以内の遺族の複雑性悲嘆の有病率は2.4%（Fujisawa et al., 2010），海外の研究では，自死や事故死などを除いた成人遺族（死別後6ヵ月〜10年）の複雑性悲嘆の有病率は9.8%（Lundorff et al., 2017）と報告されています。

　複雑性悲嘆の治療を受けている人は，PTSDや抑うつ，睡眠の問題を併存しやすいという調査結果もあります（Simon et al., 2007）。そのため，複雑性悲嘆と診断された場合には，ほかの精神疾患の併存も考慮した対応が求められます。

（5）複雑性悲嘆のリスクファクター

　複雑性悲嘆のリスクファクターとしては，①配偶者や子どもを失うこと，②ソーシャルサポートの不足，③不安定な愛着スタイル（155〜156頁参照），④暴力的な死の死亡確認に関する問題（遺体の発見，目撃，確認など），⑤生前の故人への依存度の高さ，などが確認されています（Burke & Neimeyer, 2013）。そのほかにも，臨床的には，表3-1の項目を参考にしてください（瀬

表3-1　複雑性悲嘆のリスクファクター（瀬藤・村上・丸山, 2005）

（1）「死の状況」にかかわる要因 ①突然の予期しない死別 ②自死（自殺）や犯罪被害，エイズなどでの死別 ③同時，または連続した喪失 ④遺族自身の死の関与（直接的・間接的） ⑤遺体の紛失，遺体の著しい損傷
（2）喪失対象との「関係性」にかかわる要因 ①故人との非常に深い愛着関係（とくに子どもを亡くした場合など） ②過度に依存的な故人との関係，または葛藤関係や愛憎関係
（3）悲嘆当事者の「特性」にかかわる要因 ①過去の未解決な喪失体験 ②精神疾患またはその既往 ③不安が強いなどのパーソナリティ特性 ④子どもの近親者との死別
（4）「社会的要因」 ①経済状況の困窮，または著しい悪化 ②ネットワークの不足，孤立化 ③訴訟や法的措置の発生

藤・村上・丸山, 2005）。さらに，介護期間や死別後の付加的ストレス，適切でない対処行動なども，遺族の状況をアセスメントする際には考慮します（瀬藤・丸山, 2010）。これらのリスクファクターは，それぞれ特有の心理・社会的問題を有していることが多く（瀬藤・丸山, 2004），重複する場合は，見守りや支援を強化する必要があるかもしれません。実際に専門家の治療につなぐかどうかは，症状のアセスメント（54〜56頁参照）と，遺族のニーズの確認が重要です。

（6）複雑性悲嘆の治療

　2022年に発刊された『遺族ケアガイドライン2022年版』（日本サイコオンコロジー学会・日本がんサポーティブケア学会, 2022）では，これまでの国内外の研究から遺族に対する介入や治療のエビデンスを検討しています。それによると，薬物療法に関しては，うつ病による抑うつ症状を示す成人遺族には抗うつ剤を投与してもよいが，複雑性悲嘆に対しては薬物は奏功しないことが示されています。また，心理療法に関しては，抑うつや悲嘆の軽減に対して推

奨されるという結果でしたが，有効な心理療法の種類はまだ特定されていません。

　死別後に出現する可能性のある病態は，複雑性悲嘆以外にも，うつ病，適応障害，PTSD，アルコール依存症などがあります。いくつかの併存が疑われる際は，専門家によって鑑別診断が行われる必要があり，その診断によって治療の進め方や順序が変わる場合があります。

　遺族に対する薬物療法は，原則的に，精神疾患として確立した病態（うつ病，PTSD，アルコール依存症など）を呈する場合のみ適応となります。抑うつ症状のない遺族に抗うつ剤を用いてはならず（Raphael et al., 2001），複雑性悲嘆とうつ病が併存する遺族には，うつ病の治療ガイドラインにしたがって，うつ病の治療を行います。複雑性悲嘆とPTSDとが併存する場合も，まずはPTSDの治療が優先されます（Green, 2000）。

　このように，うつ病やPTSDに関しては，国際的に推奨される治療法がすでにありますので，鑑別診断を行うことで，治療の進め方が変わるのです。

　一方，ほかの疾患の併存がなく，複雑性悲嘆のみである場合は，薬物治療よりも心理療法が推奨されます。向精神薬の服用は，悲嘆の回避のための薬物への依存性を高め，悲嘆のプロセスを阻害する危険性があることが，かなり以前から指摘されてきました（Zisook & DeVaul, 1983）。そのため，うつ病が疑われる遺族に，抗うつ剤を投与してもほとんど症状の改善がみられない場合は，複雑性悲嘆が中核にある可能性を考慮し，薬物の使用は慎重に行う必要があります。不眠や不安，体の症状の改善のために服薬を考慮することが必要な場合も実際にありますが，その際も心理療法や心理的サポートの併用が推奨されています（明智, 2022）。

「さらに傷つけない」ことの大切さ

　グリーフの領域では，悲嘆や複雑性悲嘆の定義や概念が定まらない状況が長く続き，結果的に，効果的な支援方法の検証や体制作りを遅らせてきました。この領域において，エビデンスに基づいて国際的に推奨されるケアや治

表3-2　して欲しくなかった新たに傷つけられた事柄（高木, 2007）

- 解ったふりの同情のことばや押付けがましいことばを受けたこと
- 心の傷を新たに深めるような精神科医やカウンセラーの対応
- 心ない言葉や態度で慰められたこと
- 「頑張れ」という言葉に代表される励ましの言葉
- 公式の行事や家における法事に，宗教や習慣を強制されたこと
- 大震災後，次に誕生した子供を「生まれ変わり」だと言われたこと
- マスメディアに，傲慢で一方的で無神経な取材をされたこと
- 幸せそうな家族の様子で，思いやりのない無神経な弔問
- 悲惨で悲しい状況を，理屈で納得させようとする言葉や態度

療法が少ないのは，そのような事情からきています。

　それでも海外では古くから遺族支援の重要性が認識され，大人から子どもまで，さまざまな支援や取り組みがなされています。一方，日本では，海外に比べるとシステマティックな遺族支援はかなり遅れています。支援をどこに求めればよいのかわからなかったり，誰かに苦しい思いを打ち明けたとしても，「死別後に悲しいのは当たり前，どうしようもないと言われた」「話を聞いてほしいだけだったのに，相手に困った顔をされた」といった声を遺族からしばしば聞きます。悲嘆の支援では，「さらに傷つけないこと」が鉄則ですが，残念ながら，そのような二次被害[※3]が多数，報告されているのです。

　表3-2は，1995年の阪神・淡路大震災で子どもを亡くした母親を対象とした調査において，「して欲しくなかった新たに傷つけられた事柄」の上位に挙がった項目です（高木, 2007）。1995年は「グリーフケア」という言葉さえ浸透していなかった頃ですが，グリーフケアへの関心が高まりつつある最近でも，周産期に赤ちゃんを亡くした遺族の調査などで，同様の二次被害の実態が報告されています（周産期グリーフケアはちどりプロジェクト, 2021）。このような遺族の実態は，周産期の領域に限ったことではありません。

　遺族ケアについての知識が不十分なまま行われている支援は，役立たないばかりか，遺族をさらに不安にさせたりつらくさせたりするという報告があ

※3　二次被害とは，何らかの精神的なダメージを受けた人たちが，かかわる人たちや社会からの心ない言動や誹謗中傷などによって，さらに傷つけられてしまうことを指します。

ります（Lehman et al., 1986）。とくに対人援助職は，遺族と出会う機会も多いことから，少なくとも支援の中で「さらに傷つける」といったことが起こらないように，このような実態があることをあらかじめ知り，遺族支援の正しい知識と基本的な対応方法を理解しておくことが重要です。そして，「通常の悲嘆」と「通常ではない悲嘆」とでは，対応方法が異なることを知っておく必要があります。

　また，遺族の中には，重大な喪失を経験したとしても，支援されることを望まない方や，心のケアや治療に対して抵抗感をもつ方が少なくありません。たとえば，東日本大震災の後，避難所のいくつかでは，「心のケアお断り」という張り紙がされていたことが知られています。そのような支援を望まない方には，本人のニーズを尊重し，侵襲的にならないように十分に注意しながら，かかわり方を工夫したり配慮したりする必要があります。

悲嘆のスペクトラムに応じた支援

　たとえば，がん医療の場合は，約85％の遺族は「通常の悲嘆」の経過をとるといわれています（Bonanno & Kaltman, 2001）。つまり大部分の遺族は，心配ないということです。もちろん，この割合については，死因や死別の状況など，さまざまな要因で変わる可能性があります。大雑把な言い方をすれば，残りの約15％が，複雑性悲嘆やうつ病など「通常の悲嘆から逸脱した状態」，または「通常の悲嘆かそうでないかの判断に迷う場合」といえます。自然に減弱していく通常の悲嘆を診断・治療することは「過剰な診断・治療」となりますので，15％に入るかどうかのアセスメントが非常に重要です。

　図3-2のように，「通常の悲嘆」と「複雑性悲嘆」は，連続体（スペクトラム）であるため，どこかで境界を区切れるものではありません。ただし，大部分の遺族は，図の左側に入り，「日常生活の支援」と「グリーフケア」だけで自然回復していきます。右側にいくほど，「自助グループ」や「グリーフカウンセリング」が役立つ可能性がありますが，状況によっては，「危機介入」が必要な場合もあります。覚えておきたいことは，「グリーフカウン

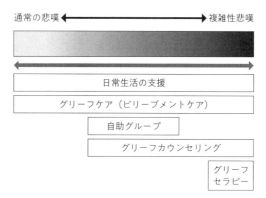

図3-2 「通常の悲嘆」と「複雑性悲嘆」の支援

セリング」や「グリーフセラピー」を行う場合であっても，「日常生活の支援」と「グリーフケア」は一貫して大切だということです。「通常の悲嘆」だからケアの必要はない，あるいは「通常ではない悲嘆」だからセラピーだけ行えばよい，という考え方は誤りなのです。

遺族の悲嘆反応をアセスメントする

　遺族の悲嘆のプロセスは，ある程度，予測可能な行程をたどることが知られています。図3-3は通常の悲嘆反応の推移を示しており（Prigerson & Maciejewski, 2008），悲嘆反応は死別後しばらくが最も強く，その後，時間をかけて少しずつ減弱・統合され，それに伴い受容（Acceptance）が進んでいきます。繰り返しになりますが，大部分の遺族は，このような悲嘆反応が自然に減弱する「通常の悲嘆」の経過をとります。

　遺族の精神症状のアセスメントでは，複雑性悲嘆やPTSD，うつ病などのそれぞれのスクリーニング尺度もあります（『遺族ケアガイドライン 2022年版』参照）。診断や治療の場面で遺族と出会う専門家ならば，そのような尺度でアセスメントを行うことも可能です。一方，一般の遺族の支援者では，そのような尺度を使う評価が難しい場面も少なくありません。そこで，遺族に負担が少なく，現場で比較的使いやすいアセスメント方法を紹介します。

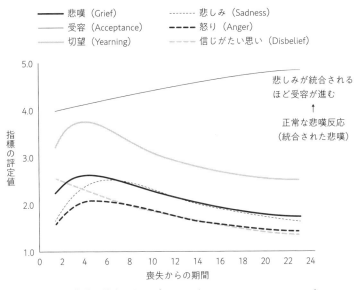

図3-3　悲嘆が統合されるプロセス（Prigerson & Maciejewski, 2008）

　症状の推移をアセスメントする場合，まず図3-3を簡略にした図3-4が書かれた用紙を用意します。死別後は，悲嘆反応以外にも，生活・環境の変化などによるさまざまなストレスが加わるため，ストレスを一つの指標として使うことができます。そのため，この図では，ストレスレベルを縦軸，時間の経過を横軸として，死別後のストレスの推移を表しています。多くの場合，死別後，時間が経過し，悲嘆反応が減じるとストレスレベルも下がっていきます。灰色の線は，ストレスレベルが下がっているので「通常の悲嘆」，黒色の線は，ストレスレベルが下がらないため，「通常の悲嘆から逸脱した状態」の可能性が考えられます。

　まず，遺族にこの図を見せながら，死別直後はさまざまな悲嘆反応が出現し，ストレスが高い状態であっても，多くの場合，少しずつ悲しみが和らいでいき，それに伴いストレスも少しずつ減弱していくことを説明します。そのうえで「ご自身は，この図だと，いま，どのあたりにおられますか？」と尋ねて，指でさしていただきます。図とは異なる場合は，その推移を一緒に書いてもよいでしょう。

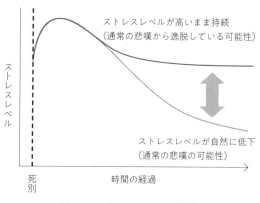

図3-4　ストレスレベルの推移

　次に，悲嘆反応が記載された表3-3を遺族に呈示します。一項目ずつ簡単にどのような症状かを説明した後，「いま，自分の症状に該当すると思うものを，指さしていただけますか？」とお伝えします。一つさされるたびに頷き，「ほかにもありますか？」と聞いていきます。そして最後に，「ご自身がいま，とても苦痛に感じているものはどれですか？　複数あれば，全部教えてください」と伝えます。各項目は筆者がよく使う代表的な悲嘆反応の例を挙げていますが，支援者が評価したい項目に合わせて，項目を変更したり，追加したりしてもかまいません。

　二つの図表を使ったこのやりとりの中で，おおよそではありますが，これまでのストレスレベルの推移と現在の悲嘆反応，苦痛を感じている症状が把握できます（瀬藤, 2019b；2022c）。

　このような図表を用いる利点は，事件や事故の直後などの危機介入の時や，子どもや高齢者の遺族であっても，指をさすだけなので，答える側の心理的負担がかなり少なく済むことです。また，遺族も自身の状況を客観的に理解する機会になります。

　ただし，自己評価だけではわからないこともありますので，死別後に反応や症状が強く継続している場合は，時間を置いて少なくとも2回以上お会いし，ストレスレベルの推移を見守ることをお勧めします。

表3-3　悲嘆反応を示す表

悲しみ	疲労感や倦怠感	フラッシュバック	後悔や罪責感
思慕	気分の落ち込み	泣く	絶望感
感情のコントロールが困難	孤独感	集中力の低下	恐怖感
不安	寂しさ	引きこもり	回避
怒り	感情の鈍麻	考え込む（反すう）	体の症状

「通常の悲嘆」と考えられる場合の支援

　「通常の悲嘆」か「通常の悲嘆から逸脱した状態」かがおおよそわかれば，それぞれに即した対応を考える必要があります。

　遺族が死別後の生活に少しずつ適応し，悲嘆反応が時間の経過とともに和らいでいると判断できた場合は，専門家による治療や介入の必要はありません。周囲の人たちや一般の支援者が，受容的で温かい態度で，遺族の悲嘆過程と新しい生活への適応を支えていく「グリーフケア」が支援の中心となります。遺族にねぎらいの言葉をかけたり，故人の人柄や思い出を共有したりするだけでも十分な支援になります。

　いまは強い悲嘆反応がみられても，本人が「それでも以前よりは少しましになっています」と話している場合は，支援者が心配しすぎないことが大切です。通常の悲嘆の場合は，わかりやすい言葉で，いまの状態は悲しみに対する自然な反応であること，多くの場合，少しずつ和らいでいくことを伝え，遺族に役立ちそうなリーフレットを渡したり，遺族自身ができそうな対処方法を伝えることが有用です（第8章参照）。このような情報提供や，支援者との対話が一度あるだけでも，遺族にとっては支えになることが少なくありません。

　また，本人が同じ体験をされた方との出会いを望んでいる場合には，遺族の分かち合いの会（サポートグループやセルフヘルプグループ）が役立つこともあります。その情報を伝えたり，参加できそうなグループを一緒に探したりしてもよいでしょう。

　そして，もう一つ大切なこととして，この先も，いまある症状や悲しみが

和らいでいかなかったり，むしろ強まったりするような場合は，遠慮せずに，信頼できる人に相談するよう伝えておきます。支援者の状況が許せば，「苦しい状態が続く場合は，連絡ください」と連絡先を伝えておくことも一案です。連絡が来た場合は，電話でかまいませんので，まずその時の状況を確認してください。このような困った時の連絡先を伝えておくことは，遺族にとって「お守り」の役割を果たしてくれます。

「通常の悲嘆から逸脱した状態」と判断される場合の支援

　ストレスレベルが高く，症状が長く持続しているケースでは，「通常の悲嘆から逸脱した状態」の危険性が考えられますので，疑わしい場合は，専門家の支援を考慮します。非常に心配な状態とは，複雑性悲嘆だけとは限りません。うつ病やPTSD，アルコール依存症といった症状がみられる場合も含まれます。

　また，遺族に表3-4のような状態が長く続いている場合も，専門家の介入を考慮するとよいといわれています（Neimeyer, 2002）。それ以外にも，遺族から「死んであの人のところに行きたい」「毎日が苦痛で生きていても仕方ないと思う」といった言葉が聞かれる場合も，やはり注意が必要です。自殺のリスクが高いと判断されるケースの対応は，第9章（151〜152頁）を参照してください。

　一般の支援者が，長引く強い悲嘆反応や，重い精神症状に対して，治療的に介入することは困難です。ただし，そのような時も，信頼して相談できる人，頼れる人の存在（ソーシャルサポート）が，遺族の大きな支えになることがあります。誰が最も助けになるか，直接遺族に尋ねてみます。家族内の誰かの場合もありますが，離れている人であれば，連絡をとるよう勧めたり，場合によっては，あなたが代わりにその人に連絡をとり，サポートをお願いしてもよいでしょう。その人から「心配しているよ」「無理しないで，ゆっくり元気になればいいよ」と時々伝えてもらうだけでも，遺族の大きな力になります。とくに死別直後に遺族の生活環境が安定しない場合は，サポート

表3-4　継続した場合，専門家の支援を考慮するケース

- ・本人が専門家の治療を望んでいる
- ・悲嘆反応が強いまま長期に続いている
- ・あまりに強い怒り，罪責感，とらわれなどが，まったく弱まることなく続いている
- ・悲嘆のために，日常生活や社会生活，対人関係など，実際の生活に支障が出ている
- ・身体的な不調が持続している
- ・うつ病やPTSD，アルコール依存症などの危険性がある
- ・自殺のリスクがある

してくれる人がいるかを確認し，情緒面の支援よりも先に，基本的な生活の安全・安心を優先します。

　すぐにでも専門家の受診を勧めたほうがよい場合もあるかもしれませんが，遺族にその希望や意向がないこともあります。受診に対する抵抗感が大きい場合，大切なことは，遺族が信頼を寄せている人から，専門家の受診を丁寧に勧めてみることです。また，たとえ予約をとれたとしても初診まで長くかかることが少なくありません。その際は，支援者が可能な範囲で，グリーフカウンセリングを実施し，まずは遺族自身が自分で行うことができそうなことを一緒に考えます（第8・9章参照）。

　治療に関しては，服薬が必要な状態なのか，カウンセリングなどで話を聞いてほしいのか，何らかの心理療法を受けたいのかによっても，受診先は変わります。一般の精神科や心療内科は，カウンセリングや心理療法に対応していないところも多いので，注意してください。とくに遺族に対して心理療法を行える場所は，日本では非常に限られています。遺族のニーズを確認すると同時に，通院距離，費用，その機関が遺族に対応できるかなどを確認したうえで，遺族と一緒に，利用できそうな資源を探しましょう。遺族の診療を行う医療機関（表3-5）も増えてきましたので，インターネット等を使って情報を集めるとよいでしょう。

　専門の機関がなかなか見つからない場合は，相談窓口を情報提供することもできます。自死遺族であれば，各県の精神保健福祉センターの相談窓口[4]，流産・死産など周産期の遺族に対しては，各県に相談窓口[5]などがあります。犯罪被害者遺族には，都道府県の警察で相談窓口が設置されています。厚生

表3-5　遺族の診療を行っている医療機関

- 旭川医科大学病院緩和ケア診療部　グリーフケア外来（北海道旭川市）
- せんだいG&Aクリニック　精神科・心療内科（仙台市若林区）
- 亀田ファミリークリニック館山　遺族ケア外来（千葉県館山市）
- 柏駅前なかやまメンタルクリニック　遺族ケア外来（千葉県柏市）
- 埼玉医科大学国際医療センター精神腫瘍科　遺族外来（埼玉県日高市）
- 国立がん研究センター中央病院　家族・遺族ケア外来（東京都中央区）
- 都立駒込病院精神腫瘍科・メンタルクリニック　家族ケア外来（遺族ケア外来）（東京都文京区）
- がん研有明病院腫瘍精神科遺族ケア外来（東京都江東区）
- 東京女子医科大学病院化学療法・緩和ケア科（東京都新宿区）
- 名古屋市立大学病院　グリーフケア外来（名古屋市瑞穂区）
- 江南こころのクリニック　遺族外来（愛知県江南市）
- 小牧市民病院　遺族カウンセリング外来（愛知県小牧市）
- 淀川キリスト教病院精神神経科　グリーフケア外来（大阪市東淀川区）
- 堺市総合医療センター　緩和ケア外来（大阪府堺市）
- 神戸赤十字病院心療内科（神戸市中央区）
- 山口宇部医療センター　家族ケア外来（山口県宇部市）

※2023年10月現在入手できた情報のみ記載。受診にあたっては，各医療機関にあらかじめお問い合わせください。

労働省のこころの相談窓口[※6]や，いのちの電話など，夜間対応や24時間対応を行っている電話相談の窓口もあります。

通常の悲嘆かどうかの「判断がつきにくい場合」の支援

　遺族の悲嘆反応をアセスメントすると，「通常の悲嘆」と「通常の悲嘆か

※4　厚生労働省　全国の精神保健福祉センター一覧（https://www.mhlw.go.jp/seisakunitsuite/bunya/kenkou_iryou/iyakuhin/yakubutsuranyou_taisaku/hoken_fukushi/index.html）

※5　厚生労働省　流産・死産等を経験された方への相談窓口一覧（https://www.mhlw.go.jp/stf/newpage_27342.html）

※6　厚生労働省「まもろうよ　こころ」（https://www.mhlw.go.jp/mamorouyokokoro/?yclid=YSS.EAIaIQobChMI6v625vKZgAMVmDNgCh0ViAPMEAAYAiAAEgLYD_D_BwE）

ら逸脱した状態」のどちらであるか，判断に迷う場合もあります。そのような場合には，大きく二つの状況が考えられます。

一つは「死別後初期」です。死別後初期に遺族のその後の経過を正確に予測することは難しいためです。ただし，故人の生前からリスクアセスメント（第5章参照）を行うことは可能です。リスクが高いと考えられ，かつ死別後の症状が強い場合は，まずはソーシャルサポートを強化し，フォローアップの方法を検討します。

もう一つは，いわゆる境界域（グレーゾーン）に入る場合です。図3-4（56頁）の黒色の線と灰色の線の間の領域がこれにあたります。このような場合は，**すぐに専門家の治療を検討するよりも，「一定期間経過を慎重に見守ること」**が重要です。そして周囲の人たちによる「グリーフケア」を少しでも強化できるように働きかけます。また，可能であれば心理教育を含めた「グリーフカウンセリング」を実施したり（第8・9章参照），専門家がかかわっているサポートグループに参加すること（第7章参照）が役立つ場合もあります。

また，その期間に，あなたが精神・心理の専門家からコンサルテーションを受けることも，非常に有用です。コンサルテーションとは，悲嘆に詳しい専門家に遺族の状況を説明し，あなた自身が助言を受けるという方法です。そのような方法をとれば，専門家の助言を受けながら，医療従事者などの一般の支援者も安心して支援を続けられます。

医学的にうつ病と診断される場合などでは，早期に治療を開始することで，自殺のリスクを低減できるかもしれません。しかし，遺族の場合は，前述したように，通常の悲嘆に対して早まった診断や治療を行う危険性や，本人にとって侵襲的な介入となりレジリエンスを阻害してしまう可能性も指摘されています。私たちがどのタイミングで，どのように遺族を支援するか，いつ専門家の支援を勧めるかは，悲嘆反応や症状の程度や推移，遺族自身のニーズ，ソーシャルサポートの多さなどを加味し，できるだけ慎重に進めるに越したことはないのです。

コラム③

「自分は大丈夫」と言う遺族には，
どのようにかかわればよいですか？

　私であれば，その言葉を信じます。その言葉は，「私は何とか自分で
やっていきます」「そっとしておいてください」というメッセージかも
しれません。

　どのような状況でも，支援が押し売りにならないように気をつけまし
ょう。基本的には，誰に支援してもらうのも，誰に語るのも，遺族自身
が決めてよいのです。自分が必要とされていないのではなく，その人に
はみずから回復する力があるかもしれない，その人にはサポートしてく
れる人や相談相手がほかにいるかもしれない，と信じることが大切です。
何度も繰り返し述べているように，ニーズとレジリエンスを尊重する姿
勢が，支援者には求められます。

　もちろんとても心配な状態の場合は，相談窓口だけでもお知らせした
り，継続的な見守りや支援を強化したり，あなた自身が専門家にその人
のことを相談したりすることをお勧めします。第8～10章も参考にし
てください。

第Ⅱ部

グリーフケアと
サポートグループ
の実際

第 4 章

支援者として必要な姿勢とスキル

　筆者（広瀬）はがんで家族を亡くした人たちのためのサポートグループを運営しており，院内や院外の医療者の研修を受け入れています。

　ある遺族が初めてグループに参加した日に，ちょうどその遺族の家族が亡くなった病棟で，しかもお見送りをした看護師が，偶然，オブザーバーとして参加しました。グループ終了後のスタッフ同士のレビューで，その看護師が次のような感想を述べました。

　「『ありがとうございました』と言って帰っていかれたので，ご主人の死を受け入れたものと思っていました。今日，『亡くなったことがまだ信じられない』とおっしゃっていたのを聞いてショックでした」

　この言葉から学べることは，病院や施設で働く支援者のかかわりは病院を離れた時点で終了しますが，家族にとっては，悲嘆はその後もずっと続くということです。

　また，自分が働いている病棟で亡くなった遺族を見て，ある看護師は「あの家族，別人かと思いました。病棟では理解力が悪いという印象でした。こんなに聡明な人だったなんて……」と，感想を語りました。病棟で見ていた時，その家族はあまり理解力がなく，クレーマーだという印象があったようです。ところがいま，目の前にいるその人は聡明で，ほかの遺族の語りに共感し，自分自身も素直に気持ちを表現していたのです。ここから学べるのは，大切な家族の一員が亡くなることは遺される家族にとって危機的な状況で，普段とは違う自分になってしまうことがあるということです。

　大切な人を失おうとしている家族や大切な人を失った遺族に接する時，私たちにはどのような心構えが必要なのでしょうか。本章では，支援者として

必要な姿勢とスキルについて述べます。

支援者に必要な姿勢

（1）寄り添うこと

　支援者に必要な基本的姿勢は「寄り添うこと」です。家族や遺族が十分に揺れたり，葛藤したりできるように寄り添う姿勢が求められます。揺れないように，葛藤しないようにということではないのです。人は自分の感情を率直に表現することで，自分を受け入れ，先に進めるようになるのです。ですから，泣くことや語ること，怒ることを支えることが大切になります。その根底には「あなたはあなたのままでいい」という姿勢が必要です。

（2）無条件の積極的関心，共感的理解，一致

　寄り添うとは具体的にどのようなことでしょうか。ロジャーズ（Rogers, 1962）は，カウンセラーに必要な中核三条件を提唱しています（村山, 2015；飯長, 2015；野島, 2015）。

　一つ目の条件は「無条件の積極的関心」です。これは相手のありのままを受け止めることです。

　二つ目の条件は「共感的理解」で，相手をわかろうとするプロセスです。クライエントの内的世界をあたかも自分自身のものであるかのように感じ取ることですが，その"あたかも……のように"という性質を失わないことが重要です。

　その時，三つ目の条件である「一致」が大切になります。一致とは，いま，ここでの身体感覚や自身の感情に気づき，経験と意識（と表現）とが一致することです。私たちはいつも相手を受け止めたり理解したりできるわけではありません。その理解できない自分を受容することが大切です。支援者が，いま，ここでの身体感覚や自身の感情に気づくことで，必要な時には自分の気持ちを言葉で表現し，相手に伝えます。そうすることで，わからなかったことがわかるようになり，共感的理解が深まっていきます。

（3）傾聴

前述した中核三条件を可能にする，相手の話を聴く方法が「傾聴」です。ロジャーズ（Rogers, 1955）は，積極的傾聴を提唱しています。それは，聴く側の主観や価値観を押しつけるような聴き方ではなく，相手の言葉に含まれているニュアンスを感じ取り，言葉の意味や，その意味の背景にある感情に関心をもちながら，注意深く熱心に聴くことです。相手を指導したり，評価したり，専門家の意見を納得させようとする聴き方ではなく，「話している人のため，つまり，話し手がいっそうよく理解し，物事をはっきりと考え，自信のある行動をとれるように助力」する聴き方です。

傾聴とは，「まだ言葉になっていない曖昧だけど確かに感じていること，かすかな声も含めてその人の思い」であると考え，「それらを含めてその人のメッセージを丁寧に聴いていく」（坂中, 2017）ことです。感情の反射という傾聴の技法がありますが，これは相手の言葉をただ機械的に返すオウム返しではありません。相手の言葉に込められているものを，聴き手の中で感じて返すことです。

支援する時のポイント

悲嘆の中にある人は，気持ちが不安定になって冷静に考えることができない自分や，ひとりでは何もできなくなっている自分を否定しがちです。自分が弱いからではないか，自分は異常なのではないかと感じていることが多いのです。そういう人たちが安心できるようなかかわりをするためには，まず支援者自身が表4-1のようなことを理解している必要があります。

遺族のいまの状態は，大切な人を亡くした後の自然な反応です。ですから「あなたは悪くない」と伝えてあげてください。泣くことや怒ること，語ることは悲しみに適応していくためには大切な作業です。どのような感情もその人にとって大切なものとして扱ってあげてください。つらさのあまり，引っ越しをしようとしたり，故人の遺品をすべて処分しようとしたりする遺族には，いまは大きな決断をする時期ではないと伝えてください。他者に助け

表4-1　支援者としてかかわる時に知っておくべきこと

・いまの状態は決して異常ではない。異常な事態に対する
　自然な反応である
・悲嘆から回復していくためには泣くことや語ることは悪
　いことではないし，むしろ大切な時もある
・悲しむことは健康なことであって，病気ではない
・怒りや罪責感を感じるのは自然な反応である
・気持ちが不安定な時は大きな決断はしないほうがよい
・他者の援助を求めることが大切な場合もある

を求めることを躊躇する人も多いですが，助けを求めることは援助希求行動
といわれ，健康な力です。

支援の内容 —— 三つのサポート

　遺族へのサポートには，情緒的サポート，道具的サポート，情報的サポートの三つのサポートがあるといわれています（坂口, 2022b）。

（1）情緒的サポート

　情緒的サポートはいわゆるグリーフケアの中心であり，遺族の語りを聴く姿勢が中心となります。その時必要な姿勢は，前述した傾聴を基本として受容や共感的理解を心がけ，相手に寄り添うことです。

（2）道具的サポート

　道具的サポートには，葬儀の手伝いや家事のサポートなどが含まれます。家族の死をまだ十分に受け止めきれない時期に葬儀を執り行うのは大きな負担であり，死亡の届け出など事務的な作業を手伝ってもらえることはとても助けになります。妻を亡くした男性の場合，食事の支度や洗濯の仕方にも戸惑うことが多く，日常生活が破綻してしまうかもしれません。夫を亡くした女性も，夫がいなくなったことで，食事を作る気力がなくなることもあります。ある女性は「お総菜を持ってきてもらえることが，いまは一番助かる」

と話していました。

（3）情報的サポート

情報的サポートは，情報を提供することで間接的に遺族を支えることです。たとえば，自分たちの施設が遺族ケアを提供できなくても，遺族ケアを受けられる場を教えることはできます。

また，大切な人を亡くした後に人はどのように悲嘆を経験するかなど，悲嘆反応や悲嘆プロセスについて書かれた冊子やリーフレットを提供することもできます（132, 145頁参照）。遺族の中には「こんなに落ち込んでいるのは自分が弱いからではないか，自分がおかしいのではないか」などと悩んだり，「自分が情けない」とみずからを責めたりしている人がいます。そういう人がこのような冊子やリーフレットを読むことで，「自分の反応は異常ではない。みんな同じなのだ」「こういう時期を経て回復していくのだ」とわかると，それだけで安心できます。

このような冊子やリーフレットは，ウェブ上に公開されているものもあります。たとえば，日本ホスピス・緩和ケア研究振興財団（2006）の「これからのとき─大切な方を亡くしたあなたへ」（http://www.hospat.org/from-now-on.html）には，大切な人を亡くした後の「心と体の変化」「悲しんでいるときに必要なこと」「悲しみを和らげるためにできること」が平易な言葉で書かれています。また，災害グリーフサポートプロジェクトの「災害で大切な人をなくされた方を支援するためのウェブサイト」（https://jdgs.jp）では，大切な人を亡くした人に向けた情報だけでなく，支援者や専門家に向けた情報も掲載されています。

ある遺族は，『妻を看取る日』（垣添, 2009）をほかの遺族から紹介されて読んだことで，二つの意味で救われたといいます。一つは，「がんの名医でも自分の妻のがんを治すことができなかったのだから，自分が妻のがんを治せなかったのは仕方がないのだ」と思えたこと，もう一つは，「あんなに偉い医師でも妻が亡くなった後，とても落ち込んでうつ状態にまでなったのだから，自分がいま，落ち込んでいてもいいのだ」と思えたことです。

遺族への言葉かけと働きかけ

（1）遺族が傷つく言葉

　表4-2に，遺族が傷つく言葉の例を示しました。「頑張りなさい」と言われても，「いまも必死に頑張っているのに，これ以上どう頑張ればいいの？」という気持ちになります。「気の持ちようよ」と言われても，「そんな簡単（単純）なことではない」と，納得できるものではありません。また，「あなたよりもっと大変な人がいる」という言葉は，第三者が言うべきことではありません。たとえば，遺族会に参加して，「ああ，つらかったのは自分だけではなかった。みんな大変な思いをしてきているのだ」と，自分自身で気づくことなのです。

　夫を亡くしたある30代の女性は，「まだ若いから再婚できるわよ」と言われました。その方がどれだけ傷ついたかは想像に難くないでしょう。彼女が「再婚でもしようかしら」と笑って言えたのは，夫を亡くして10年が経った頃でした。

　「気持ちはよくわかります」という言葉も言いがちですが，言われた側は，「あなたに何がわかるの？」という気持ちになりかねません。「時間が解決してくれる」という言葉も，同じ体験をした人から「必要なのはやっぱり時間でした」と言われると，「ああ，そうか」と思えるのですが，第三者に言われても素直に受け止めることは難しいかもしれません。

（2）遺族に対する周囲の望ましい言葉かけと働きかけ

　表4-3の「遺族に対する周囲の望ましい言葉かけと働きかけ」は，日本ホスピス・緩和ケア研究振興財団（2013）による遺族調査などから抜粋したものです。

　「生活の『よい面』を取り上げた言葉をかけられた」というのは，看病している時はなかなか夜も眠れなかった遺族が，「ぐっすり眠れるようになりましたね」と声をかけられて，つらかったというものです。ママ友から「もう家のローンを返さなくてもよくなったの？」「保険金いくら入ったの？」

表4-2　遺族が傷つく言葉

・「いつまでも泣いていては駄目。そんなことでは亡くなった人が浮かばれない。しっかりしなさい」
・「そんなこと言わないで，頑張りなさい」
・「気の持ちようよ」
・「悲しんだほうがいい」「泣いたほうがいい」
・「あなたよりもっと大変な人がいるんだから」
・「まだ若いんだからいくらでもやり直せるよ」
・「再婚できるよ」「次の子どもを産めばいいよ」
・「気持ちはよくわかります」
・「時間が解決してくれる」

表4-3　遺族に対する周囲の望ましい言葉かけと働きかけ
（日本ホスピス・緩和ケア研究振興財団, 2013）

【周囲からのどのような言葉かけや働きかけが助けになったのか】	
状況をよく知る人から看病に対する労いの言葉をかけられた	82%
あなたが悲しんでいる時に，気遣う電話をかけてくれた	81%
あなたが悲しんでいる時に，気遣う手紙やメールをくれた	79%
あなたが悲しんでいる時に，家を訪問してくれた	79%
葬儀・納骨・法要の手配などを手伝ってくれた	75%
【周囲からのどのような言葉かけや働きかけがつらかったのか】	
なぜ早く気づかなかったのかとたずねられた	36%
生活の「よい面」を取り上げた言葉をかけられた	31%
あなただけがつらいのではないという意味の言葉をかけられた	28%
無理して頑張っていたのに「元気になった」と言われた	27%
金銭的なことについてたずねられた	27%

などと聞かれた人もいました。

　ここで気をつけてほしいのは，この研究で示された望ましい働きかけが誰に対しても当てはまるものではないということです。人によっては，あるいは時期によっては，助けにならない場合があります。気遣ってもらっても「あなたに何がわかるんだ！」と，素直に受け取れないことがあります。そういう場合はかかわりをあきらめるのではなく，時間を置いてまた声をかけるなど，少し待ってあげてください。遺族の悲しみや死別のとらえ方は時間とともに変わっていきます。

また，ここで挙げられている気遣う電話や訪問は，先ほどの三つのサポートの中の情緒的サポートに相当します。情緒的サポートは相手もそれを望んでいてぴったり合えば，とても深いサポートになりますが，そうでない場合は侵襲的になります。そういう時は道具的サポートや情報的サポートのほうがよい場合があります。「ちょっとお総菜をたくさん作ってしまったから，食べてくれない？」と，何気なく持っていくなどです。

　私たちは悪気はなくても，傷ついている人を無自覚にさらに傷つけてしまうことがあります。そのように考えると，遺族が周囲の心ない言葉で傷つかないように，一般の人々への啓発も必要なのです。

コラム④

患者が亡くなった時，
家族にどのような言葉をかければよいですか？

　決まった言葉かけはありません。「最後までよく頑張りましたね」「ご家族にそばについていてもらって，きっと安心して旅立つことができたのではないかと思います」「ご家族もよく頑張りました」など，その時のあなたの素直な気持ちを伝えてあげてください。言葉が出ない時もあるかもしれません。そんな時は，アイコンタクトや，そっと家族の肩に手を置くなどの非言語的コミュニケーションでも，あなたの気持ちは伝わるでしょう。患者さんにもねぎらいの声をかけてあげてください。エンゼルケアで，患者さんを尊重した丁寧なケアを行えば，あなたの思いは家族に伝わります。

第 5 章

入院中の家族の
アセスメントとケア

　家族の中には，自然な悲嘆反応ではなく，複雑性悲嘆など，悲嘆に適応することが難しい状態に陥る人もいます（第3章参照）。治療を必要とするような悲嘆に陥る危険性をアセスメントできれば，より早期にアプローチすることが可能になるでしょう。また，予期悲嘆を経験している生前の家族のケアは，遺族ケアにつながる大切なものです。本章では，入院している人の家族のアセスメントと，家族ケアについて説明します。

アセスメントの方法とポイント

（1）悲嘆への適応に影響する因子

　レイクら（Leick, & Davidsen-Nielsen, 1991）は，その人が悲嘆の作業を行ううえで，予防的援助を必要としているかどうかをアセスメントするための三つのパラメーター（相互関連要素）があると述べています。三つのパラメーターとは，①喪失を取り巻く状況（突然の早すぎる死だったのか，適応のための時間はあったのか，穏やかな死だったのか，心的外傷を与えるような状況の後の死か，など），②悲しんでいる者の性格と失った人や物への愛着度（感情を表すべきではないと学習していないか，愛着が正常だったか，親密だが複雑な愛着関係だったか，関係が情緒的に隔たっていたか，共生的な関係や愛憎関係か，子どもを亡くしたのか，など），③悲しんでいる者の心理社会的状況（悲しみの情動を受け止めてくれる人がいるか，現実的なサポートをしてくれる人がいるか，幼い子どもたちが取り残されていないか，など）です。

　瀬藤・村上・丸山（2005）は，悲嘆の回復が困難となりやすい危険因子と

して①「死の状況」にかかわる要因，②喪失対象者との「関係性」にかかわる要因，③悲嘆当事者の「特性」にかかわる要因，④「社会的要因」を紹介しています（第3章，表3-1参照）。

　悲嘆の適応が難しい場合のアセスメントや対応の詳細は，第3章および第8〜10章を参照してください。

（2）愛着理論に焦点を当てたアセスメント

　愛着理論を提唱したボウルビィ（Bowlby, 1980）は，病的な悲嘆に陥りやすい人のパーソナリティの傾向として以下の三つを挙げています。それは，①自分の好む人との間で喧嘩が絶えないような「不安で反対感情併存的な人間関係を形成しやすい傾向」，②悲しさを感じたり，自分自身のための支援を受け入れたりする代わりに，過度に他人の幸福を心配し世話をしようとする「強迫的保護をひき起こしやすい傾向」，③外からは悲哀が何事もなく経過しているように見える「愛情のきずなからの独立を志向しやすい傾向」です。

　シュトローベら（Stroebe et al., 2005；2008）は，愛着（アタッチメント）のタイプを二重過程モデル（40頁参照）と統合する理論を展開しています。愛着のタイプには「安定」「不安−アンビヴァレント（とらわれ）」「恐れ−回避」「排除−回避」があります。安定型の人は，喪失志向コーピングから回復志向コーピングへの移行も，その逆も，柔軟に行うことができます。とらわれ型の人は，喪失志向コーピングに集中しがちになります。恐れ−回避型の人は，悲嘆に問題を抱えやすく，喪失志向から回復志向への移行をコントロールできず，トラウマ的出来事への反応に典型的にみられるような回避のパターンを示すことが観察されています。排除−回避型の人は，回復コーピングに焦点を当て，あからさまな悲嘆を避けやすいといわれます。

（3）家族機能に焦点を当てたアセスメント

　キセインら（Kissane & Bloch, 2002）は家族機能尺度を作成し，この尺度を用いて，がん患者の家族のタイプを「協力型」「葛藤解決型」「中間型」「不穏型」「敵対型」に分類しました。そして，この分類がさらに①凝集性が高

く相互支援的な機能良好型の家族群（「協力型」と「葛藤解決型」），②感情的である機能不全型の家族群（「不穏型」と「敵対型」），③表面的な機能に問題はないものの家族員に深刻な精神症状がみられる中間型家族群（「中間型」）という群に分けられることを明らかにしています。この分類を用いたスクリーニングや早期発見によって，予防的アプローチを提供できるといいます。

　がんなど慢性疾患で家族を亡くす場合には，日々のケアの中で患者と家族の関係を観察し，話を聴いて情報を収集し，カンファレンスで多職種と話し合って，アセスメントを行うことができます。一方，事故や心筋梗塞など突然死の場合には，家族関係や心理社会的状況を的確にアセスメントするのは難しいことがあります。ただ，「突然の予期しない死別」というリスク要因があることは明らかなので，支援することが必要な家族としてかかわることが求められます。

死別前の予期悲嘆 ── 家族の心情とケア

　大切な人が亡くなるということを容易に受け入れられるはずはありません。不安や抑うつ症状が生じ，食欲がなくなったり，眠れなくなったりします。現実を否認し，医療者に怒りをぶつけることもあります。このように，患者の死が近いことを家族が予期した時に生じる悲嘆を「予期悲嘆」といいます。予期悲嘆は心の整理や準備に役立つ面もあります。

　家族の中には，悲しんでばかりいる自分は弱くて駄目な人間だと思ってしまう人もいます。後悔ばかりが出てきて罪責感が強くなる人もいます。その場合は，このような状況では自然な感情であり，一人で頑張る必要はないことを伝えてあげてください。また，困っている時に助けを求めること（援助希求行動）は弱いのではなく，健康な力であることを伝えてください。困難な状況にあっても，わかってくれる人がいること，見守ってくれている人がいることは，大きな支えになります。

　筆者（広瀬）は，がんで家族を亡くした人のためのサポートグループを1999年より月2回の頻度で実施してきました（広瀬, 2011）。参加者は現在の

悲嘆を語る一方で，看病していた頃の思いも語ります。「医療者にとっては
たくさんの看取りの中の一つに過ぎないとしても，家族にとってはかけがえ
のない人の看取り。やり直しはできないんです」。この遺族の言葉を，日々
看取りにかかわっている私たちは忘れてはいけないでしょう。

　20年間の遺族のサポートグループ（計410回）における参加者154名のグル
ーププロセスの記録とスタッフによる振り返りの記録，参加者の感想文と故
人への手紙の中から，看病していた頃の思いに関する記述を抽出して分析し
ました（広瀬, 2019）。その分析から，家族の心情が明らかになりました。

　これらの家族の心情に対して，どのようなケアが必要とされるかを以下で
みていきたいと思います。

（1）医療者の言動で傷ついた家族

　家族の中には，告知の仕方など医療者の言動で傷ついた体験やつらかった
エピソードがいつまでも心に残っている人たちがいます。

　たとえ感謝の気持ちを述べて病院を後にしたとしても，闘病中の思い出や
後悔，傷つきなどの感情が消えることはありません。医療者はそのことを理
解したうえで，かかわっていくことが大切です。

（2）医学用語が理解できなくても，遠慮して確認できない家族

　家族は治療してもらっている立場のため，医療者に遠慮して，医学用語に
よる説明がわからなくても質問しにくいことがあります。

　医療者は気をつけていても，無意識に，医学用語や医療者間でしか通じな
い用語で説明してしまうことがあるのです。たとえば，「顔つきが悪いがん」
という言い方は，一見，悪性度の高いがんを柔らかく説明しているようでも，
患者にはどういう意味なのか理解できません。自分たちの常識は，相手にと
っても常識とは限らないのです。また，質問がないから理解してもらえたと
受け取ることも間違っています。

（3）「患者の様子を教えてほしい」と思っている家族

　家族は見舞いに来た時に，患者のその日の様子を教えてほしいと思っています。

　見舞いの時には，その日の様子や治療について教えてもらえるだけで家族は安心できます。毎回医師を呼んで説明してもらわなくても，看護師がケアのために訪室した時に，その日の様子や新しく始めた点滴などについて説明してくれるだけでいいのです。理学療法士が「今日は病棟を一周できましたよ」などと伝えてあげてもいいでしょう。

　ある家族が，「看護師さんたちはナースステーションでおしゃべりをしているばかりで，声をかけてもくれなかった。だったら，シャッターでも降ろしておけば！」と，怒りをぶつけてきたことがありました。この人は，ナースステーションのカウンターで面会名簿に名前を記入しながら，看護師が声をかけてくれたら，あるいは目が合ったら，夫の様子を聞きたいと思っていたのです。

（4）医療者の説明を誤解している家族

　家族の中には，医療者の説明を誤解し，患者が亡くなった後も故人を苦しめた出来事として後悔している人たちがいます。

　医療者はきちんと説明したつもりでも，家族には誤解されていることがあります。たとえば，病状が悪化して飲食を制限していたことを，「水を飲ませてもらえなかった」ととらえ，故人を苦しめたという思いが残っている，などです。誤嚥の危険性があるので水や食べ物をあげないよう説明しているのに，勝手に与えてしまう家族がいると，「理解力が悪い」というレッテルを貼ってしまいがちです。ただ説明を重ねるだけではなく，家族のつらい気持ちに耳を傾けることが必要でしょう。

（5）「できるケアをしてあげたい」と思っている家族

　患者をケアした経験は，悲嘆の中にある遺族を支えます。

　故人を十分に看病できたと思えることは，その後の悲嘆からの回復にもよ

い影響を与えます。「患者の身の回りの世話に参加する」ことは，終末期が
ん患者の家族が患者の死を前提に行いたいことの一つであるという研究結果
もあります（山下, 2016）。

　ある男性は，「自分は男だから何もしてやれなくて。病院に行ってもただ
座っているだけ。だけど，看護師さんが，顔と手を拭いてあげてくださいっ
てタオルを渡してくれた。そしたら，妻が気持ちよさそうな顔をしてくれた。
嬉しかった」と話しました。顔と手を拭いただけであっても，その時の気持
ちよさそうだった妻の顔が，死後，悲しみの中にありながらも男性を支えて
いるのです。

（6）ほかの患者の死に気づいている家族

　「ドアを閉めます」という看護師の言葉で「始まったのだな」と察するな
ど，家族はほかの患者の出棺に気づき，自分たちの番がいずれ訪れる苦悩を
感じています。

　医療者は出棺の時，各病室のドアを閉め，衝立をセッティングするなどし
て，ほかの患者や家族の目につかないように配慮しています。それらをただ
機械的に行っていないか，患者や家族の気持ちに寄り添えているかを省みる
ことも大切でしょう。

（7）自分の気持ちに直面しないことで自分を保っている家族

　「自分の気持ちは考えないようにしていた。だから『大丈夫？』と優しく
声をかけられることはきつかった」など，家族の中には自分の気持ちに直面
しないことで，何とか自分を保っている人たちもいます。

　自分の気持ちに触れると，ガタガタと崩れて看病もできなくなってしまう
という恐れがある場合，自分の気持ちに直面しないようにして，みずからを
必死に保とうとしている人もいます。そうした場合，心配して声をかけるこ
とが，かえって家族を追い詰めることにもなりかねません。

　気になったら一度は声をかけることは大切です。そうやって声をかけてお
くことで，遺族になった時に「そういえば家族のことも心配してくれたな

あ」と思い出して，サポートを受ける気持ちになるかもしれません。

　こうした家族も，「食べていますか？」「眠れていますか？」という問いには答えられます。食事と睡眠については最低限確認し，家族の健康状態を把握しておきましょう。

（8）せん妄になった患者の家族

　「うちも亡くなる間際に暴れて。頭が侵されていたから看護師さんに失礼なことを言ったり，叩いたり。それがショックだった」など，家族は患者のせん妄になった姿に苦しみます。

　遺族はせん妄状態の患者の姿がいつまでも目に焼きつき，傷ついている場合があります。家族の苦痛が和らぐように，せん妄の医学的説明を行うことはもちろん重要です。薬物療法や，カレンダーや時計を置くといった環境の工夫も大切です。

　患者への接し方としては，患者の訴えを否定したり，叱責したり，無理に説得したりすることは間違っています。一見，つじつまの合わないようなことを言っていても，そこには患者の過去の歴史が映し出されていたり，自分の尊厳を守りたいという叫びだったりすることがあります。以前と変わらず患者を尊重し，誠実な態度で接することが大切です。家族はそのような医療者の態度を見て，ひとりの人格をもった人間として患者にかかわってもらえたことで救われます。

（9）「こんなに早く逝ってしまうとは思っていなかった」と思う家族

　「先生に，『余命は週単位，その後は一日単位』と言われ，聞いていたはずだけど，それは違うと思っていました。そう言われても納得ができなかった」など，家族は頭では理解できても，「こんなに早く逝ってしまうとは」という気持ちになります。

　医療者が死期について説明していても，「こんなに早く亡くなるとは思っていなかった」と語る遺族は多くいます。これを，否認や理解力のなさと安易にとらえないようにしましょう。現に，遺族会でこのように語るのは十分

に理解力のある人たちでした。頭では理解しても，心情的にはなかなか受け止められないのが家族なのです。

（10）後悔を背負っている家族

「家に帰してあげられなかった」「もっと話をすればよかった」など，家族はたくさんの後悔を背負っています。

患者と良好なコミュニケーションがとれていた家族は死別後，精神的健康が良好だといわれます（坂口他, 2001）。また，患者が大切な人に伝えたいことを伝えられたかどうかが，遺族の複雑性悲嘆や抑うつに関連していたという研究結果があります（大谷, 2016）。亡くなる前に，伝えたいことを伝えることは，その後の悲嘆からの回復に影響を与えるのです。

家族の思いや葛藤に耳を傾け，家族が悔いのないように行動できるよう支えてください。

それでも，どんなに手を尽くしても，後悔がまったくないという家族は少ないでしょう。できたことを認めつつ，繰り返される後悔の言葉を傾聴することが大切です。家族は何度も同じ話を繰り返す中で，折り合いをつけていくのです。

（11）臨終の場面に悔いが残っている家族

「親戚がたくさんいて手を握ることができなかった」など，家族は看取りの時に思うようにできなかったことを悔やんでいることがあります。

親戚が取り囲んでいて，家族が患者のそばにいられない場面に遭遇したら，医療者として何ができるでしょうか。いましかない家族のためにできることがきっとあるはずです。

ある家族が何十年も前に亡くした母親の臨終場面について，「もうほとんど意識がなくて，こんな状態で身体をさすってもしようがないだろうと触らなかった。そのことをいまだに後悔している」と語ったことがあります。医療者の中で誰かひとりでも，「手を握ったり，さすったり，声をかけてあげたりしていいのですよ。お母様はきっと感じていますし，聞こえています

よ」と伝えていれば，この人は何十年も後悔し続けることはなかっただろうと思います。

(12)「息を引き取る時にそばにいたい」と思う家族

「欠かさず見舞いに行っていたのに，最期を看取ることができなかった。それがいつまでも心に引っかかっています」など，看取ることができなかったことを後悔する家族がいます。

家族にとって，患者が息を引き取るその瞬間に立ち会うことには特別な意味があります。看取れなかった遺族はその後悔を繰り返し語ることを通して，自分の中に納めていく作業をしています。

一方，「そばについていると，まるで死ぬのを待っているかのよう。だから息を引き取ってから連絡してください」と言うご家族もいました。人それぞれなのです。

「家族の臨終に間に合うことの意義や負担に関する研究」（大谷, 2016）では，90％以上の家族が患者の臨終に立ち会いたいという希望をもっており，さらにその半分以上が，絶対に立ち会いたいと考えていたことがわかりました。ただし，臨終時に立ち会いの希望があった家族が実際に立ち会えなかった場合においても，その後の家族の抑うつや複雑性悲嘆との有意な相関はありませんでした。この研究では，亡くなるまでの過程において，先に述べた「患者が大切な人に伝えたいことを伝える」という患者と家族のコミュニケーション（死の準備のためのコミュニケーション）の促進に対する医療者の配慮が，より大切であると考察されています。

(13) 最期が安らかであってほしいと願う家族

「顔を見た瞬間，穏やかで。苦しまなかったって聞いて，ああ，よかったって」など，家族は看取れなくても，苦しまないで逝けたと思えることで楽になることが多いものです。

故人が安らかに亡くなったと思えることが，遺族の精神的健康によい影響を与えるといわれます（坂口他, 2001）。闘病生活が長かったとしても，つら

い時期があったとしても，最期に苦しまなかったと思えると家族の気持ちは救われます。最期を看取ることができなかった場合でも，安らかな表情に対面することで，あるいは「最期は苦しまなかったですよ」と伝えてもらうことでひとりぼっちで息を引き取ったのではないことがわかり，間に合わなかった無念さが和らぐのです。

（14）死後のケア

「きれいにお化粧してもらって，いまにも起き上がりそう」という言葉に表れているように，死後のケアを丁寧に行うことは，家族のケアにもなります。

エンゼルケアは患者への最後のケアです。髪を洗い，身体を清め，家族に前もって用意してもらったお気に入りの服を着せ，薄化粧をすると，誰もがよい表情に蘇ります。「亡くなって楽になったのだと安心した」という家族の言葉のように，悲しみの中でも患者の安らかな表情に出会えることで，家族はどれだけ救われることでしょう。このようなケアに参加してもらうことで，先ほどまで泣き叫んでいた家族が，身体を拭きながら思い出を語り，笑顔になる時間をもつこともできます。死後の患者のケアは家族ケアでもあるのです。

（15）お見送り

「病院を出る時，たくさんの人が見送りに来てくれて，こんなに多くの人から夫は大切にされていたのだと嬉しかった」など，家族にとって医療者のお見送りはとても大切なこととして受け止められています。

前述のようなお見送りに対する家族の感謝の言葉から，お見送りまでが医療者の大切な仕事であることがわかります。

（16）言葉にできないくらいつらい思いを抱えている家族

家族の中には，つらかった場面を誰にも話せず，何年も自分ひとりで抱えている人たちもいます。

あまりにつらい場面なので忘れたいと願いながら，忘れられないことがあります。つらすぎて口にすることさえできないこともあります。誰にも言えずひとりで何年もその苦悩を抱えているのです。語れない時期は無理に語ってもらう必要はありません。そのような時はそっと見守るだけでもよいのです。口にできないくらいつらいことを抱えているのだということを理解してあげてください。そして語り始めたら，真摯に聴いてあげてください。

(17)「覚悟していても悲しい」と感じる遺族

「覚悟していても悲しい」と語る遺族がいるように，死別前の予期悲嘆を経験しているからといって，死別後の悲嘆が軽減されるわけではありません。

予期悲嘆へのケアの重要性については第2章（29〜30頁）で述べましたが，この遺族の言葉は，予期悲嘆を経験すれば家族を亡くした後の悲嘆が軽くなるものではないことを端的に表しています。

病院に足を踏み入れた時からの医療者の言動が，その先もずっと患者や家族の心に残ることを意識して，かかわっていくことが大切です。一方，死が近づきつつある中でも大切にケアされた体験は，死別後，悲嘆の中にあっても温かい思い出として遺族を支えます。

診断から臨終，お見送りというすべてのプロセスの中で，心情に寄り添ったかかわりを心がけてください。どの時点で患者・家族にかかわるにしろ，私たちと出会うまでにさまざまな経験をして，限られたサポートの中でここまで生き抜いてきた人たちを尊敬し，誠実にかかわることが大切です。そうすることで，たとえ遺族ケアを直接行えなくても，患者への誠実なケアが家族ケアになり，誠実な家族ケアが遺族ケアにつながるのです。

子どもへのアプローチ

ある子どものいる家族の事例を紹介します（以下，本書に登場する事例はすべて，プライバシー保護のため事実を改変した事例，もしくは実在しない事例です）。

母親の状態が悪化し，小学校4年生のアユム君も学校から病室に来ていた。私が病室に行くと，父親は黙って母親の手を握っていて，兄はソファに座って泣いていた。アユム君がウロウロしながら「お母さんの目が泳いでいる」と言うと，兄が「うるさい！」と怒鳴った。私は「声をかければ聞こえるし，手を握ってあげればわかるから。時々そうしてあげてください」と伝えた。3人がバラバラに見えた。

　その後，アユム君がデイルームで本を読んでいた。「本，読んでるの？」と声をかけると，「うん，面白いのがあったから」と答えた。「今日，突然呼び出されてびっくりした？」と聞くと，「うん」と答えた。「お母さんはどう？」と尋ねると，「知らない」と素っ気なかったので，「お母さんはすごく頑張っているし，アユム君も家族もみんな頑張ってきたね」とだけ伝えた。アユム君は「うん」と頷いた。

　父親から絵を描くのが好きだと聞いていたので，「絵，描く？」と誘うと，「描きたい！」と笑顔になった。画用紙と色鉛筆を用意すると，男の子を描き始めた。「アユム君の顔？」と尋ねると，「違う」と否定した。それから折り紙を始め，一緒に花を折った。「ママとパパに持っていってあげよう」と誘ったが，「いい」と行こうとしない。そのうち「持っていってくれるならいいよ」と言い，二人で病室に入った。「ママのそばに置く」と自分で持っていくが，ほかの家族の反応はなく，アユム君はすぐに病室を出た。

　デイルームに戻ったアユム君は「家族の絵を描く。これ（さっき描いた男の子）は僕にする」と言って，家族が手をつないでいる絵を描き始めた。「今度は持っていける」と病室に向かった。

　母親に絵を見せようとするが，「目が泳いでいる」と言うので，私は「お母さんはちゃんと見ているから」と伝えた。兄がまた「うるさい！」と怒鳴った。兄もつらいのだろうと思った。

　この場面での子どもへのアプローチを振り返ると，以下のようになります。

①子どもにとって自然な話から導入する。いきなり本題に入らない。

②母親の話題を振る。

③反応を見て，これ以上直接この話題を続けることはやめる。

④ただし，母親も家族も頑張ってきたということを承認し，伝える。

⑤言葉ではない別の方法で表現できるようにする。

　前もって好きなことの情報を得ておくことも大切です。この事例では，小学校4年生のアユム君が，母親や家族に対する思いを好きな絵を描くことで表現することができました。絵を描くことは，病室にいられないアユム君が母親のもとに行くきっかけ作りにもなりました。ほかの家族は自分の悲しみでいっぱいで，アユム君を思いやる余裕がなかったので，心理職である私はひとりぼっちのアユム君に寄り添う役割を担っていました。

　子どもと一緒に親の洗髪や足浴，手浴をするのもいいでしょう。子どもは言葉でうまく感情を表現できないことが多く，思春期になると素直に表現することを避けることもあります。子どもへのケアに役立つ冊子も用意されていますので，参考にしてください[※1]。

※1　ノバルティスファーマ株式会社作成のリーフレットとして「わたしだって知りたい！―親が"がん"になったとき　子どもに何を伝え，どう支えるか」「がんはどんな病気？―親ががんになったときに知っておいてほしいこと」「だれも分かってくれない！―思春期の子どもにとって，親ががんの患者であるということ」がウェブで公開されています（http://www.novartisoncology.jp/patients/support/index.html）。また，がんになった親の子どもをサポートする活動を行っているHopeTree（ホープツリー）の「パパやママががんになったら」というウェブサイトにもさまざまな情報が掲載されています（http://www.hope-tree.jp/）。

コラム⑤

臨終に間に合わなかった家族に
どのように声をかければよいですか?

　息を引き取る時にそばにいたいと願っていた家族にとっては，臨終に間に合わなかった悲しみは計り知れません。その気持ちを受け止めつつ，「まだ温かいですから手を（顔を）触ってあげてください」など，いまできるお別れをさせてあげてください。「最期は苦しまずに静かに息を引き取りました」など，苦しまなかったという事実と，ひとりで逝ったのではないことを聞くだけで，家族は安堵できます。「亡くなるところをご家族に見せたくなかったのかもしれませんね。そんな方ではありませんか」など，患者の意思であったことを伝えることでも，間に合わなかった悲しみや罪悪感が和らぐことがあります。

　そして，家族と患者さんだけの時間を十分に取ってあげてください。エンゼルケアに家族を誘い，家族が希望すればケアに参加してもらいましょう。

第 6 章

遺族のケア

　遺族のケアにはさまざまな方法があります。本章では，医療者が行うことのできる遺族ケアの方法を中心に紹介し，遺族にかかわる際の姿勢として大切なポイントについて，事例を交えて述べます。

遺族ケアの種類

（1）手紙やカードの送付

　坂口（2016）によると，わが国の遺族ケアプログラムは手紙送付が最も多いといいます。送付時期は四十九日が過ぎた頃，死後100日が過ぎた頃，1年後など，施設によってさまざまです。

　手紙やカードを受け取った遺族の多くはその心遣いを肯定的に評価しています（北得，2016）。一方で，事務的な文章に感じたという批判もありました。批判的に受け取った人は，もともと病院に対するわだかまりがあったのかもしれません。病院からの郵便物というだけで，つらさが増す遺族もいます。送付する時は，個々の遺族に対して送付することの是非を，スタッフ間で検討したほうがよいでしょう。

（2）遺族会（追悼会）

　年に1回程度の追悼会は，多くのホスピス・緩和ケア病棟で行われています。企画は看護師を中心に行われることが多いです。スタッフを配置した小テーブルでの語り合い，病棟での思い出の写真のスライドショー，音楽演奏，全員での斉唱などのプログラムがあります。

ほとんどの参加者は追悼会に参加できてよかったと評価します。けれども，中にはつらくて参加できない人や，来てはみたもののつらさが増してしまう人もいます。案内送付の是非を個別にスタッフ間で検討し，参加中につらくなった場合には対応できるようにしておくことが必要です。

（3）家庭訪問

坂口（2016）によると，2012年の調査で，遺族の家庭訪問を「しばしば行っている」ホスピス・緩和ケア病棟は0％，「たまに行っている」施設は14％に過ぎませんでした。一方，訪問看護では，全利用者の遺族を対象に訪問している事業所が7割で，「集金を兼ねている」事業所と「集金とは別に単体で訪問している」事業所が半々に分かれていたという報告があります（中里, 2016）。訪問看護師による遺族訪問は遺族の心の整理を促し，これからの生活への橋渡しをする役割があることが示唆されています（平賀, 2012）。しかし，遺族訪問は診療報酬の対象にならないことや人員不足のためにボランティアで行うしかないことから，回数を重ねることは難しいのが実情です（工藤・古瀬, 2016）。

（4）遺族外来とグリーフカウンセリング

日常生活が困難になるような遺族に対しては，心理職や精神科医が心理療法や治療を行います。大西（2017）は，がんで家族を亡くした人のための遺族外来を初めて立ち上げた精神科医です。最近は，がん専門病院やメンタルクリニックで少しずつ遺族外来が開設されてきました（60頁）。

（5）グループアプローチ

定期的に遺族が集まれる場を提供し，遺族同士の語り合いを中心としたサポートグループを運営している施設もあります。サポートグループは，専門家のもとで同じ悩みや問題を抱える遺族同士が語り合い，自分たちの問題と折り合いをつける道を発見し，生きていく力を得ていくものです（第7章参照）。頻度は年に数回のところもあれば，隔週のところもあります（広瀬,

2011）。施設では心理職やチャプレン，看護師などが運営にあたります。

　なお，専門家が介入しない，当事者だけのセルフヘルプグループもあります。

（6）遺族ケアのリソースを自分で探す

　医療機関を受診するほどではなくても，ほかの遺族と語り合いたいと思う人たちもいます。地域におけるサポートグループやセルフヘルプグループの情報は，地域の保健所や精神保健福祉センターに確認したり，インターネットで調べたりすることができます。悲嘆反応や悲嘆プロセスが理解できるような冊子やリーフレットも発行されています。

かかわりの基本的姿勢とポイント

　喪失を体験している人への基本的姿勢は，悲嘆理論や悲嘆に関する知見をもとに考えることができます（表6-1）。この基本的姿勢を押さえたうえで，実際のかかわりのポイントについて，サポートグループやカウンセリングの事例を紹介しながら説明します。

（1）その人にとっての真実を尊重して聴く姿勢

　サポートグループに参加した初日，カツコさんは，「一週間ずっと病院に寝泊まりして，入院している夫に付き添っていました。看護師さんが，『一度帰って，お風呂に入ってきて大丈夫だから』と言うから帰ったのに」と，夫の最期を看取れなかった無念さを語った。医療者に対する怒りが伝わってきた。実際は看護師がそう言ったのではなかったが，事実を明らかにしてもカツコさんにとって意味がないことを理解し，彼女にとってのいまの真実を尊重し，聴く姿勢をとった。

　ある時，カツコさんは「一週間ずっと病院に寝泊まりして付き添っていましたが，主人が『お風呂ぐらい入ってきたら？』と言うので帰りました。朝，電話があって，病院に駆けつけてエレベーターを降りたら，

表6-1　喪失を体験している人への基本的姿勢

・喪失に対する反応は人それぞれであり，その人にとっての意味を尊重する
・ケアによって悲嘆のプロセスを早めることはできないので，その人のペースを尊重する
・再適応するまでにはさまざまな感情を経験することを理解する
・悲嘆と平静の間，否認と受容の間を，揺れ動くことを理解する
・さまざまな感情が生じるのは自然なことであり，その感情をあるがままに認める
・人がもつレジリエンスを尊重する，また，悲嘆が人間的成長の契機になり得ることを信頼する

ちょうど息を引き取ったと聞いて。最期のつらいところは私にも見せたくなかったのかな」と語った。カツコさんの表情は穏やかになっていた。

遺族の語る内容が，時に事実とは異なる場合があります。医療者に怒りを向けることで，現実の苦悩から目をそらすこともあるでしょう。その時，事実と異なることを指摘しても何の助けにもなりません。むしろ，「わかってもらえない」という気持ちを抱かせ，被害的になり，ますますそのことに固執するようになります。その話が事実かどうかにこだわるより，本人にとっての真実を尊重し，話を否定せず，聴く姿勢を大切にしてください。どんな感情も大切な感情です。その時の自分を守るために必要なものなのです。遺族は安心してネガティブな感情を語ることで気持ちが癒されていき，事実に向き合う力を取り戻していきます。

（2）自然な反応であることを保証する

キョウコさんは夫の死後，娘に同居してもらっていた。娘の生活もあるのに不安でひとりでいられず，そんな自分を責めていた。私は「そのうち自然に大丈夫と思える時が来る。いまは立ち直れなくていい」と伝えた。しばらくして，キョウコさんは「ひとりでやれそうな気がした。以前，『自然に大丈夫と思える時が来る』と言われたけど，あっ，これだったんだなって」と語った。

遺族はいつまでも悲しんでいる自分を弱い人間だと責めたり，精神的におかしくなったのではないかと心配したりします。いまの状態は決して異常ではないと保証してあげることが大切です。悲嘆から回復していくためには，泣いたり語ったりするのは悪いことではなく，時には必要で，亡くなった人へ怒りや罪責感を抱くのも自然な反応だと伝えてください。また，亡くなった人の声の幻聴がすることも異常ではなく自然な反応であることや，自分に余裕がなくて子どもの要求に応じられなくても悪い母親ではないことなどを，必要に応じて伝えるとよいでしょう。

（3）語ることを支える

　　リンコさんは「適切な治療を受けさせてあげられなかった」と，夫が受けた治療に納得できず，怒りを繰り返し語った。ほかの参加者がリンコさんの話を受け止めてくれたことで，「みなさんのお話を聴いて，『自分だけじゃなかったんだ。みんなも同じように後悔の気持ちをもっているんだ』とわかり，少しずつ気が楽になりました」と語った。

　遺族の多くは，家族を亡くした悲しみを他者に話すことができずにいます。若くしてパートナーを亡くした人は，友人は誰もそんな経験をしていませんから，友人にも話せません。配偶者を亡くした場合は，子どもにさえ悲しみを語ることができない人たちもいます。子どもに心配をかけたくないという気持ちもありますが，子どもが独立している場合，たとえば電話がかかってきた時につらさを吐露すると，「えっ，まだクヨクヨしているの？　それじゃあ死んだお父さんが浮かばれないでしょ。元気出して」などと言われたりします。そうすると，子どもと配偶者では感じ方が違うのだと思って，話せなくなるのです。

　遺族が話したい時に安心してさまざまな感情や思いを語ることができるように，遺族を支援する必要があります。遺族は，「気持ちが楽になる」「自分を振り返ることができた」「心残りなことを整理できた」「素直に話せるようになり，寂しさだけの気持ちから少しずつ抜けられるように感じた」など，

語ることの重要性を述べています。

（4）泣くことを支える

　　夫を亡くして姑と二人暮らしのアオイさんは，初めてサポートグルー
プに参加して，「初めてかも。こんなに泣くなんて……」と言った。ほ
かの参加者たちが「私もその頃はつらかったからよくわかる。泣くのを
我慢するのはよくないの。泣きたいだけ泣けばいいのよ」と伝えた。

　家族も遺族も泣くことは自分の弱さを意味すると思っています。泣くこと
を否定しても，抑えられた悲しみは消えていくものではありません。ある時，
何かをきっかけにぶり返すことがあります。
　「涙を流す時，真の自分をさらけ出すことができる」「泣けなかったら心の
中も渇いたままだったろう」「泣くことで強くなれる」といった遺族の言葉
があります。神田橋（1995）は，「泣くというのが，人間の悩みが溶けてい
く，いちばん有効な流れだ」と述べています。泣くことは悲しみを溶かすこ
となのです。
　一方，なかなか泣けない人もいます。その人の時期を待ってあげてくださ
い。「涙が出ない自分は冷たい人間なのではないか」と自分を責めている人
もいます。そういう人には，泣くことだけが悲しみの表現ではないことを伝え
えてあげてください。

（5）怒りを受け止める

　　新しく参加したカズナリさんがイライラした調子で言った。「教育と
か慰めとか指導とかはやらないのですか！」。緊張感が走る中，ファシ
リテーターが次のように伝えた。「私たちは，『気持ちをこのようにも
ちましょう』などと言ったことはありません。語りながら自分で見つけ
ていくのだと，みなさんを見ていて思います」。納得できないカズナリ
さんは「みなさんはどう思っているのですか？」と，参加者に問いかけ
た。その言葉に参加者が語り始めた。ジョウジさんは「そうだね。その

人その人の考え方があるからね。子どもじゃないから，『こうしなさい』って言われてもね。みんなと話をするだけでも楽になりますよ」と言った。モモコさんが続いた。「私も来た当初は座っているのもつらくて泣いてばかり。でも，同じ経験をした人たちだから自分の気持ちをわかってくれるんだと思って，ほかではできない話を何回も何回もしました。最初はつらいかもしれないけど，何度も足を運べば楽になってくると思う」。するとカズナリさんは「生き甲斐がなくなった。これからどういう生き方をすればいいのか」と，自分の思いを吐露した。

　怒りの表出は悲嘆の大切な感情表出です。怒りには，医療（者）への怒りや，「どうしてもっと早く病院に行ってくれなかったの？」「どうして私を置いて先に逝ってしまったの？」といった故人への怒り，「どうしてあの人が死ななければいけなかったの？」といった運命への怒りなど，さまざまなものがあります（163頁参照）。

　ウォーデン（Worden, 2018）は，怒りの発生源には二つのものがあり，それは①その死を防ぐために何もできなかったというフラストレーションと，②死別後に起こりがちな，「私をひとりにしないで！」という退行的な子ども返りの心性に由来すると述べています。

　怒りは本来の対象に向けられずに置き換えられることが多く，支援者に向けられることもあります。怒りを向けられることはつらいですが，相手の怒りに向き合うことが大切です。遺族は安心してネガティブな感情を表出できることで，現実を受け止められるようになっていきます。

（6）スピリチュアルペインを受け止める

　「なんであの人が生きていて彼女が死んでしまったのか，納得できない。なんで死ななきゃいけなかったのか。『運命だ』って言われても……。まあ，しょうがないんですけど……腑に落ちねえ。この間，友だちと会って，慰めのつもりで言ってくれたんだと思うんですけど，掘り起こされて，感情に突き刺さって」

遺族は，「なんであの人が死ななければいけなかったのか！」「運命って何なのか！」「死別を受け入れるってどういうことなのか！」などといった問いを，私たちに突きつけてくることがあります。それはまさに，故人とのつながりを絶たれてしまった遺族のスピリチュアルペインの叫びです。スピリチュアルペインには，人生の意味への問い，価値体系の変化，苦しみの意味，罪の意識，死の恐怖，神の存在の追求，死生観に対する悩みなどが含まれます。スピリチュアルペインに対しては，正しい答えや納得のいく答えなどありません。私たちにできることは，その叫びから逃げずに受け止めることです。いずれ，故人との新たなつながりを実感できるようになった時に，未来に向かって自分らしく生きていくことができるようになるのです。

（7）気持ちを語ることに抵抗を示す人

　　キヨシさんが妻の遺品を持ってきて，思い出を語った。ファシリテーターが「もし，いま，ここに奥様がいたらなんて声をかけますか？」と問いかけると，「残酷なこと言うんじゃないよ……」と思いを口にした。ファシリテーターが「奥様は逆になんて言うと思いますか？」と問いかけると，「一緒に帰ろう，帰ろうって。それだけですよ，それだけ……（涙）。意気地がないものでね……泣かないようにしないと」と，涙を堪えた。感情への直面化に耐えられない人であることがわかり，無理に感情に焦点づけないようにすると，ほかの参加者の話をきっかけに，「手足をもぎ取られたなんてものじゃない。身体中のものをもぎ取られたような感じ」と，みずからぽろりと気持ちを表出するようになった。

　感情を語ることや泣くことは恥ずべきことであり，悲しまないで頑張らなければいけないという思いにとらわれている人がいます。そのような気持ちが強い人にとっては，ほかの参加者の語りを聴くだけでも苦しく，サポートグループは居心地よい場ではなく，逆に脅かされかねない場になり，中断することがあります。

　感情を語ることに抵抗感をもっている人に対しては，無理に感情に焦点づ

けず，その人のペースでいられるようにすると，キヨシさんのように少しず
つ感情を表現できるようになる場合もあります。

（8）家事が未経験だった人

　ある男性がサポートグループで，「ご飯を炊いて保温しておいたらま
ずくなった」と話した。すると，「それはね，保温しないで，小分けに
して一食分ずつ冷凍保存すればいいのよ」と，女性の遺族が教えてくれ
た。「スーパーに行っても魚一匹だけで売ってない」と，別の男性が言
うと，先ほどの男性が「ひとり暮らしだと店員さんに言ったら，一匹で
売ってくれましたよ。最初はそんなことを言うのは惨めに感じたけど，
言ってみるものですよ」と教えた。

　配偶者を亡くした男性の中には，定年後でひとり暮らしの人もいます。妻
を失うことで，その悲しみだけではなく，家事ができないという日々の生
活の苦労を伴うことも理解しましょう。「蛍光灯を取りかえるのは夫の役割
だった」「瓶の蓋はいつも夫に開けてもらっていた」という女性もいました。
グループの場では互いに家事の苦労を語り合い，アドバイスを受けることも
できます。

（9）知識の提供

　サポートグループで，ミニレクチャーの時に悲嘆への適応プロセスに
ついて説明した。参加者は「落ち込んだり，激しい感情が出てきたりし
て自分は駄目な人間だと思っていたが，自分は異常ではない，みんな同
じ道を通るのだとわかって安心した」「自分に当てはまるところがあり，
プロセスとして必要なことなのだとわかった」「ずいぶん気持ちも変わ
ってくるものなんですね。私も同じようなプロセスを経験しているんだ
なって，自分で自分を見つめ直すことができた」と，感想を語った。

　悲嘆に関するミニレクチャーでは，悲嘆の理論について代表的なものを紹

介し，悲しみからの回復には時間が必要なことや，医療の助けが必要になる場合もあることを，資料を配布して説明しています。遺族は悲嘆過程について知ることで，自分が歩んできた道を振り返り，いまの自分は決して弱いわけでも異常なわけでもなく，悲しみに適応していくために必要な道を歩んでいるのだと知ることができます。

(10) 有益なアドバイス

> ミホさんは最愛の母親を亡くし，悲嘆にくれていた。恋人の何気ない言葉に傷つき，別れることを考えていた。そんなミホさんに，私は「いまは大事なことを決める時ではない。そのことはしばらく置いておいて」と伝えた。数年後，彼と結婚したという知らせが届いた。

時には専門家としてのアドバイスも必要となります。気持ちが不安定な時には，大きな決断はしないほうがよいのです。この例は，指示的なかかわり方に見えますが，深い共感と支持のもとに行われなければ有益なアドバイスにはなりません。事例によって，薬物療法が必要だと思われる時や自分には力不足だと感じる時には，専門家を紹介してください。

(11) 直面化

> アオイさんは行ったり来たりしながらも少しずつ回復していたが，一周忌を終えた頃，「一周忌で落ち着くと思っていたのに，もっと悲しくなった。骨壺の蓋を取ってみたら，つらさがわーっと出てきて」と落ち込んでいた。そんなアオイさんに，ご主人に宛てた手紙を書いてきてもらった。アオイさんは，「何回も何回も書き直して，泣いて，泣いて。書くことで自分が浄化される」と，手紙を書くことの意味を語ってくれた。

遺族へのかかわりは基本的に支持的なアプローチが有効ですが，家族が亡くなったという事実への直面化が必要な時もあります。レイクら（Leick &

Davidsen-Nielsen, 1991）は，手紙を書くことは悲嘆の情緒を創造的な仕方で表現し，処理することを可能にする一つの方法であると述べています。故人へ手紙を書いてきて読むことが，故人の死に改めて直面し，現在の心情を整理・確認し，気持ちをおさめる役割を果たすのです（164頁参照）。

(12) "いま"に焦点づける

　死別後6ヵ月，「いま，ここにご主人がいたら伝えたいことは？」と，リミさんに問いかけると，「自分の身体のことなのに，どうしてもっと突っ込んで，医師に病状を聞いてくれなかったのだろう。私がひとりで医師の説明を聞くのは不安だから，一緒に聞いてって助けを求めれば，もうちょっと後悔が少なかったのかも。二人で一緒に闘いたかった」と，夫に言いたかったことを初めて素直に語った。死別後8ヵ月，思い出の品を持ってきて語ったリミさんに，「いま，ご主人に何と言ってあげたいですか？」と問うと，「見守っていて」と答えた。「ご主人はいま，どこにいる感じ？」と聞くと，「常に空にいて，もっと大きな存在。いつも見てくれている感じ」と答えた。

　"いま"に焦点づける時は，故人について語るのではなく，故人に向かって語りかけます（Worden, 2018）。たとえば，「いま，ご主人に何と言いたいですか？」「いま，ここにご主人がいたら何と言うと思いますか？」「いま，ご主人はどこにいる感じですか？」などと問いかけます。これらの問いかけは，故人に対して言えなかった心残りを伝えると同時に，"いま，ここ"を強調することを意味します。過去の思い出に浸って過去に遡るだけではなく，それを"いま"に結びつけることによって，いまを生きられるように支援するのです。

　ヘツキら（Hedtke & Winslade, 2004）は，遺族が亡くなった家族と対話することを奨励していますが，それを「内在化された他者との会話」と呼んでいます。「今も」という言葉を使って，亡くなった人の声を過去のものにするよりも現在形で言うように工夫することで，このような内在化された発言が，

もともとそれを発した人が亡くなってからもずっと生き続けるのです。そして，遺族がその声を，生きていくための現在進行形の資源として活かしていくことの大切さを述べています。

（13）つながりの連続性を実感できるように支える

"いま"に焦点づけることは，遺族と故人とのつながりの連続性を支えます。「ご主人はいま，どこにいる感じ？」と問いかけると，リミさんは「常に空にいて，もっと大きな存在。いつも見てくれている感じ」と答えました。故人の新たな居場所が見つかることで，故人との象徴的なつながりが続いていくのです。

ボウルビィ（Bowlby, 1980）は，「変わらぬ仲間として，あるいは特定の適切な場所において，死者が存在しつづけると感じるのが健全な悲哀の一般的特徴である」と述べています。ウォーデン（Worden, 2018）は，喪（悲嘆）の過程における四番目の課題を「故人を思い出す方法を見出し，残りの人生の旅路に踏み出す」としています。

シュトローベらが編集した本（Stroebe et al., 2008）の中に，「絆を手放すべきか，維持すべきか」という文献レビューがあります。そのレビューの中に，故人との健康的な関係は，①「その人が死んだことと，その意味を十分認識することを求める」，②「その絆が新しい人生への進行を妨害してはならない」という二つの条件によって決定されるというランド（Rando, 1993b）の考えが書かれています。死から間もない時期には探索関連行動が現れますが，いずれは「故人を見出すことの不可能性を受け入れて，探索行動をやめることは，死別への良い適応のための本質的要件」だといわれます。それは，愛着を手放すことではありません。「内在化を通して，喪失の逆転不可能性を十分認めながら，心的表象のレベルでの故人との心理的近接性を確立することは可能である」（Field et al., 2005）ともいわれます。つまり，もう二度と愛する人は戻ってこないことを認めながらも，その人との心理的な絆を維持し続けることは可能なのです。また，「故人との関係性において，安全な避難場所，安全基地という愛着システムの機能を用い続ける形でその近接性が現

れる」といいます。「自分で解決できないことが起きて，『助けて』と思うような状況になると，亡くなった夫から『それでいいんだ，いいんだ』と言われているような気持ちになる」という夫を亡くした女性の言葉は，まさに，そのよい例でしょう。故人との象徴的つながりがレジリエンスとなり，故人のいなくなった現実への適応の道を歩むことができるのです。

(14) 身体および精神症状を把握する

　　カズトさんは妻を亡くしてひとり暮らし。毎晩お酒を飲んで，気がついたら二階の寝室で寝ているという日々の繰り返しだった。ある日の午後，「お酒が残っていて今日の会合には行けない」と電話がかかってきた。「カズトさん自身がよくわかっていると思うが，病院を受診して治療を受けたほうがいいと思う」と伝えると，「病院を紹介してほしい」と素直に聞いてきた。

　悲嘆は身体や精神に影響を及ぼします。その人の状況によっては，通常の自然な反応として見守ってよいかどうか，精神科など専門家を紹介したほうがよいかどうかを判断する必要があります。そのために，「食欲はどうですか？」「夜は眠れていますか？」などと質問してください。自殺の危険性がある場合には，「つらくて自殺したいと思うことがありますか？」と，率直に尋ねることも大切です（151頁参照）。

子どものいる遺族への配慮

　　妻を亡くして2週間足らずのある日，夫が子どものことで相談があると訪ねてきた。「娘の様子が心配で。赤ちゃん返りというか，指をしゃぶったり，反抗的になっておばあちゃんの言うことを聞かなかったり。幼稚園でお漏らしの回数も増えた」。私は，「自然な反応だと思うので見守ってあげてください。お父さんは一緒にいることを伝えて，抱きしめてあげてください。長引いたり，激しくなってくることがあれば，子ど

　このガイドブックには，子どもに生じやすい変化や対処法も書かれています。これによれば，「ストレスがかかると子どもは，幼かった時のレベルに退行（子ども返り）する」ことがあります。たとえば，おむつがとれたばかりの子どもがまたそうするようになったり，大人にまとわりついたり，離れると強い不安を示すようになったりします。対処法としては，「子どもを思いやり，慈しんでいることをいつも見せる」「子どもがまだ悲嘆の中にいることを覚えておく」「危険な行動には適切な制限を設ける」「子どもが自分勝手で思いやりがないようであっても，それを非難したい気持ちは抑える」ことが挙げられています。

　子どもの悲嘆の表現方法はストレートではなく，なかなか気づきにくい時もありますが，子どもは子どもなりに親の死を悲しんでいるのです。ただ，親が悲嘆にくれている時は子どもを思いやる余裕がないかもしれません。そのような時は身近な人や学校の先生，スクールカウンセラーなど専門家の力を借りていいことを伝えてください。そして，親自身がサポートを得ることができるようにも伝えてください。

コラム⑥

遺族が病院を訪ねてきた時，
どのように声をかければよいですか？

　家族が最期の時間を過ごし亡くなった場を訪ねることは，遺族にとってつらいことであり，勇気が必要なことです。その気持ちを察し，それでも来てくれたことへの感謝や，どうしているか心配していたことを伝えてください。そして，遺族の語りに耳を傾けましょう。生前の心温まるエピソードや，故人や家族が頑張った事実を共有するのは，看取った医療者にしかできないことです。心身の状態を確認し，場合によっては適切な機関に紹介することも必要です。

コラム⑦

弔問，お悔やみの手紙の送付，
遺族への電話などは行うべきですか？

　弔問や電話，手紙の送付は，遺族に対するグリーフケアになるでしょう。ただし，それらを行うかどうかは施設ごとに考え方が異なりますから，個人的にアプローチしたいと思っても許されないこともあるでしょう。必要だと思えば組織に働きかけてください。たとえ，それがすぐには叶わないとしても，いまできることを誠実に行うことが大切なので，エンゼルケアやお見送りを丁寧に行ってください。もちろん，生前の患

者への誠実なケアも重要です。

　遺族によっては，そのようなアプローチを求めない人もいるかもしれません。個々の遺族の気持ちに合った方法でグリーフケアを行ってください。

　また，特定の患者・遺族に対して，弔問したい，電話をかけたい，手紙を書きたいと思う気持ちが強くなることはありませんか？　そういう時は，自分がどうしてそのような気持ちになるのかを振り返ることで，今後のケアに活かせるかもしれません。

第 7 章

遺族へのグループアプローチ

グループアプローチは，遺族ケアとして大変有効なものです。本章ではグループアプローチについて概説した後，遺族のサポートグループの実際を紹介します。

グループアプローチとは

（1）グループアプローチの機能

ヤーロムら（Yalom & Vinogradov, 1988）は，グループサイコセラピーの10の療法的因子について述べています。このうち，グループアプローチを支える因子としてとくに重要と思われるのが「普遍性」と「愛他主義」です。

「普遍性」とは，ひとりで問題を抱えて苦しんでいた人が，「こんなことで悩んでいるのは自分だけかと思っていたけど，そうじゃなかった。みんな同じ」と認識するようになることを指します。初期の段階で，自分の問題は自分ひとりのものではないと認識し，力強い安心感を体験します。

また，メンバーは互いにサポートし合い，安心や提案，洞察を提供し合います。混乱し，ほかの人に何も提供できるものをもっていないと感じていた人にとって，誰かの役に立つという体験は驚くほど価値があります。こうした愛他的行動は自尊心の回復をもたらします。この「愛他主義」は，リースマン（Riessman, 1965）が提唱した「ヘルパーセラピー原則」に通じると思われます。ヘルパーセラピー原則とは，援助をする人が最も援助を受けるという原則です。それまで援助の受け手であった人が他者への援助を経験することで，自信を回復し，自分が助けられるのです。

（2）サポートグループとセルフヘルプグループ

高松（2009）は，グループアプローチには，①治療や問題改善を目的としたグループ，②自己成長を目的としたグループ，③問題とつきあう，受け入れることを目的としたグループの三種類があり，この三つ目のグループが，サポートグループとセルフヘルプグループであると述べています。

セルフヘルプグループは当事者だけで運営されるグループであるのに対して，サポートグループは専門家が運営し，当事者の体験をサポートします。その目的は，同じ悩みや障害をもつ人たちが小グループで仲間のサポートを受けながら，あるいは専門家の助言を受けながら，自分の問題と折り合いをつけて生きていくことです。

遺族へのグループアプローチとは

（1）遺族へのグループアプローチ研究

遺族へのグループアプローチは，ひとりで悲しみを抱え込まずに，同じ悲しみをもつ仲間と出会い，思いや感情を語り合い，分かち合うことによって，悲嘆と折り合いをつけながら生きる力を得ていくことを支えるグループです。

欧米では1970年代，悲嘆研究で有名なパークス（Parkes, 1972）が遺族へのグループカウンセリングに言及し，1980年代にはグループサイコセラピーの先駆者であるヤーロムら（Yalom & Vinogradov, 1988）が，1990年代にはウォーデン（Worden, 1991）がグループでのグリーフカウンセリングについて発表してきました。その後，スピーゲルら（Spiegel & Classen, 2000）の家族を対象とした支持・感情表出型グループ療法や，キセインら（Kissane et al., 1998；2016）の死別ケアまで含めた家族指向グリーフセラピーなど，2000年前後からグループ研究が増加しています。家族指向グリーフセラピーは，死別ケアを緩和ケアの時から開始することでケアの連続性を可能にしました。キセインらはランダム化比較試験による大規模介入研究で，その効果を実証しています（Kissane et al., 2016）。

わが国では，1990年代から死別研究の先駆者である河合（1994）による配

偶者に先立たれた人のためのサポートグループ研究や，戈木（1999）による
がんで子どもを亡くした母親のためのサポートグループ研究が発表されていま
す。2000年代に入ると，坂口（2000），広瀬ら（2004；2005；2008），金子
（2007），良原（2009），大和田ら（2013）など，さらに多くの研究が行われて
います。

（2）対象と形態

　自死や災害などで家族を亡くした遺族，子どもを亡くした遺族，親を亡く
した遺族，がんなど病気で家族を亡くした遺族など，さまざまな対象のグルー
プが行われています。多くは，地域や病院などで行われていますが，ユニー
クなところでは，葬儀社による取り組みもあります（坂口，2012）。

　形態としては，継続型グループと，回数や期間を限定した短期型グループ
があります。内容としては，語り合いのグループと心理教育を取り入れたグ
ループがあります。

　なお，新型コロナウイルス感染症などのパンデミック下では，対面による
グループは不可能となり，それに代わる方法が求められます。筆者（広瀬）
らもオンラインによるサポートグループに切り替えました。

遺族のサポートグループの実際 ── 実施方法，運営の流れ

　ここからは，サポートグループの実例として，筆者が1999年から行って
きた継続的なサポートグループについて紹介します（広瀬，2011）。

（1）対象者

　対象者は，当院で，がんにより家族を亡くした人で，患者との続柄は問い
ません。ウォーデン（Worden, 2018）は，死別後間もない人たちの多くはグ
ループ体験をするだけの心の準備ができていないため，死別後6週間以内の
人を参加させないことが重要であると述べています。そこで，四十九日を過
ぎた頃に案内を出すことにしました。その頃は，一連の儀式や主な手続きが

その後，如何お過ごしでしょうか。かけがえのない方を失って，様々な思いの中で日々，お暮らしのことと，お察し申し上げます。看病の疲れや張りつめていた気持ちが緩んで体調を崩していらっしゃる方，悲しみや寂しさ，あるいは疑問や怒りを感じていらっしゃる方など，様々だと思います。そのような思いを率直に語り合ってみませんか。同じような体験をしている家族の人たちに話を聴いてもらったり，あるいは他の家族の話を聴くことで，気持ちが落ち着いたり，励まされたり，自分の思いを整理できたり，何か新しい方向性を見つけることができるかもしれません。また，頑張って来られた自分を少し休ませてあげる場にもなるかもしれません。たまには自分のための時間をもってみませんか？

図7-1　遺族のためのサポートグループの案内文（抜粋）

終わり，訪ねてくる人や連絡をくれる人も少なくなる時期で，「ちょうどいい時に案内をもらった」と言う人も多くいます。

　病棟カンファレンスで，案内郵送の是非について話し合います。これは，該当家族のグループアプローチの適性をみるためのスクリーニングに相当します。グループアプローチが適さない人とは，①深刻な精神病理がある，②他者の話を聴けない，③他者を脅かす，④病院に対して陰性感情がある，などです。①に関しては，このグループは複雑性悲嘆など病的な悲嘆を扱うグループではないからです。グループの案内を送らない人には，個人カウンセリングの案内を送りました。

　図7-1に，案内文の抜粋を示しました。

（2）頻度・場所

　月2回の頻度で実施しています。遺族の中には，患者と最期の時を過ごした場所に来ることがかなりつらい人もいるので，病棟とは別の場所で行っています。

（3）スタッフ

　心理職が中心ですが，ほかに，緩和ケア病棟の看護師が研修として参加します。

（4）会の流れ

　初回参加者には開始前にオリエンテーションと心理検査を行っています。多くの参加者が初回のことはあまり覚えていないので，オリエンテーションの資料を用いて説明し，後で読み返すことができるようにしています。心理検査は，最近の気分を測る気分プロフィール検査（Profile of Mood States2：POMS2）（2015）と複雑性悲嘆質問票（Inventory of Complicated Grief：ICG）（中島他，2010）を使用しています。

　最初の90分間は語り合いの時間で，その後30分間は感想文の記載とティータイムです。この30分間は，現実の生活に戻っていくための時間です。というのは，グループの中では普段誰にも語れないような思いが語られ，感情が揺り動かされるので，そのまま家に帰ると重い気持ちを引きずることになりかねないからです。感想文を書いてもらうことには，文章にして思いを置いていくことや，話せなかった思いを表現してもらうという意図があります。ティータイムでは日常的な会話をすることで，現実の生活に戻っていく準備をします。ひとり暮らしの場合には，とくにこの時間は重要です。

（5）形態

　参加者の出入りがあるオープングループなので，死別後の時期はさまざまです。前述のように死別者との続柄は問いません。配偶者を亡くした高齢の参加者が多いですが，若くして配偶者を亡くした人や子どもを亡くした人，親を亡くした人も参加します。同じ続柄の人の死別を経験している参加者が少ない場合は，その参加者が疎外感を抱かないように注意する必要があります。参加人数は数名から10名程度です。

　このグループは，参加回数を限定しない継続型のグループです。ただし，卒業を設けています。このグループに参加しなくてもやっていけると思えた時が卒業です。1年で卒業する人もいれば，何年もかかる人もいます。人それぞれでいいのです。

　図7-2に，オリエンテーションの時に説明する「参加を止めるとき」と「卒業について」の箇所を抜粋しています。このグループでは，「丁寧にお別

⑥参加を止めるとき

この会が合わない，時間が合わない，ということで，お止めになることもあるかと思います。その時は前もってお知らせ頂き，最後にもう一度会に出て頂いて皆さんとお別れしてほしいと思います。なぜなら，この会では大切にお別れをするということが大事なテーマだからです。

⑦卒業について

この会は永遠に参加し続ける会ではありません。そろそろこの会に来なくても大丈夫そうだと思えたら，それが卒業の時です。１年かかる方もいらっしゃれば，何年も必要とすることもあります。卒業の時期は人それぞれでいいのです。その時も，⑥同様，前もってお知らせ頂き，最後に皆さんでお別れを共有して頂きたいと思います。

図7-2 「参加を止めるとき」と「卒業について」（オリエンテーションからの抜粋）

れをする」ことを大事なテーマとしています。

（6）語り合いのテーマ

参加者が自由に語り合うことが基本ですが，メンバーごとに，『故人の思い出の品を持ってきて語る』や『故人に手紙を書いてきて読む』などの課題を設けたり，グループ全体として『死別に関する絵本を読む』『悲嘆に関するミニレクチャー』といったテーマを設けたりすることがあります。

『故人の思い出の品を持ってきて語る』ことは，故人との関係や歴史を振り返るきっかけとなり，「常に空にいて見てくれているもっと大きな存在」という参加者の言葉のように，自分にとっての故人の新しい位置が定まったり，見守られていることを改めて実感するという意味があります（広瀬・田上, 2005）。

また，『故人に手紙を書いてきて読む』というテーマでは，自分の受け取ったものに対しては「ありがとう」を，失ったものに対しては「さようなら」（Leick & Davidsen-Nielsen, 1991）を伝え，これから自分らしく生きていくことを故人に約束します。たとえばある手紙では，「あなたに会えて本当によかった」と，夫と出会えた過去に感謝し，「一つひとつ積み上げてきた年月があるから，これからもしっかり歩んでいける気がします」と，夫と築いてきた人生を支えに現在，そして未来を生きていくことを伝え，「そちらの

写真7-1　クリスマスの頃のティータイム

世界でまた会えますように」と，この世では別れてもつながりは決して失われておらず，あの世で再び会えると信じていることを伝えていました。

　絵本には，クリスマスの頃にファシリテーターが朗読する『わすれられないおくりもの』（Varley, 1984）と，卒業する人に卒業の日に読んでもらう『いつでも会える』（菊田, 1998）があります。『死別に関する絵本を読む』ことで，絵本の内容を自分自身の体験と重ね合わせ，自分の体験を意味づけることができます。

　『悲嘆に関するミニレクチャー』では，悲嘆過程について資料を作成し，参加者に提示します。遺族は自分が歩んできた道を振り返り，自分のいまの状態は決して弱いわけでも異常なわけでもなく，悲しみに適応していくために必要な道を歩んでいるのだと知ることができます。

　写真7-1はクリスマスの頃のティータイムの様子です。喪中だと新年をお祝いできないので，せめてクリスマスを祝えるようにという思いから始めたことです。

（7）スタッフの役割
　グループ当日，スタッフのみの事前ミーティングを行います。グループ中は，ファシリテーター，記録係など役割に沿って参加します。グループ後に

はスタッフのみでレビューを行います。グループの振り返りとともに，スタッフ同士が自分たちの思いを共有する時間です。グループではスタッフの個人的感情や専門職としての感情も揺さぶられるので，スタッフ自身のケアも必要だからです。

（8）OB会と同窓会

OB会は卒業した人を対象にしたサポートグループで，2ヵ月に1回の頻度で行われます。同窓会は年に1回の，現役の参加者と卒業した人たちとの合同の会です。

遺族のサポートグループ参加者の語り

遺族のサポートグループ参加者からは，以下のような語りが聞かれました。

（1）参加の動機
・ひとりになって，家で会話ができないのが苦痛。
・同じ境遇の人たちと話がしたい。
・これからの糧にしたい。
・これからの生き方が明確でなくなった。
・ちょうど落ち込んでいる時に案内をもらった。
・みなさんがどうやって立ち直っているのかを聞きたい。

（2）参加当初の思い
・これからどういう生き方をすればいいのか。
・寂しい，悲しい，侘びしい，三つのCですよ。
・何気ない会話ができないのがつらい。
・声が聴きたい。
・こんな寂しいのに生きていくのか。
・早く迎えに来てくれるといい。

・まさか先に逝くとは思ってもみなかった。

・身内には寂しいと言えない。

・ずっとこういう状態が続くのか。

・自分を責めて，なかなか立ち直れない。

・元気な人を見ると妬ましい。

（3）参加を継続しての思い

・亡くなった人に毎日話しかけている。一緒にいると思えば寂しくない。

・1年間，スタッフに質問ばかりして困らせた。人に話すのが大切だとわ
　かった。

・悲しい時は悲しんで泣こうと思った。

・悲しみも思い出の一つとして大事にしていく。

・これからは自分の新しい生活に向かって頑張って進みたい。

・最初は早く回復しようと焦っていた。

（4）サポートグループの意味

・私の年代は人前で涙を流すことはよくないと言われてきたが，ここへ来
　てそうではないことを教わった。

・日常生活の体験を聴いて，自分の生活に活かすことができる。

・否定されないのがいい。

・同じ境遇にある人たちの素直な感情にふれることができ，共感できる。

・みんな苦しみ，厳しい闘病生活を送ってきた。私たち夫婦だけではなか
　ったことを感じた。

（5）卒業を決心した時の思い

　①楽になってきた：「感情の起伏も少なくなって安定しているし，揺れ幅
が小さくなった。揺れがまったくなくなることはないだろうし，これくらい
は普通なんだろう」

　②人生の意味や生きがいを見つけられた：「後を追いたいと思っていた自

分が，自分自身の人生を見つめることができるようになった」

③悲しみが以前より和らいだので，ひとりで何とかやっていこうと思えた：「思いっきり泣いたことで気が楽になった。これからまだいろいろあると思うが頑張る」

④これ以上はよくならないことを自覚した：「ある程度回復したけれど，これ以上はよくならないというのが回復なのだと思う。ここに来る前に比べれば格段によくなっている，涙をポロポロと流していた時に比べれば。話すことも一巡二巡している。誕生日とか病気がわかった日とか，亡くなった日とか，きっかけのある時期は調子が悪くなって，その繰り返しなのだろう。それでもだんだん薄まっていくのかな」

⑤新しい参加者への気遣い：「最近，自分から話すことが雑談のような内容が多くなった。感情が安定して，参加するのが楽しいとも感じていた。楽しいのは自分としてはいいが，3年前の自分のような方が現れたら，その方には失礼になるのではと思った。また，長く参加しているとお互いに知り合いになるため，新たに来る方が参加しにくい雰囲気を作っているのではないかと懸念した」

グループプロセスの事例

　以下は，40代で夫を亡くしたリンコさんのグループプロセスです。

＊　＊　＊

死別後4ヵ月からの参加であった。開始前に記載してもらった用紙には，参加動機として「自分自身で気持ちの整理をつけることができればと思っていたが，自分ではどうにもできないことがあると痛感している」と書かれていた。

（1）以前の病院への怒り
「何もしてあげられなくて，後悔ばかりで」と，前病院の医師への怒りを

涙ながらに繰り返し語った。ほかの参加者が「災難だったね」「よくわかる」と受け止めてくれ，「みなさんも同じように後悔していて，同じ気持ちをもっていることがわかり，少し気持ちが楽になった」と話した。「家の電球が次々と切れて。これまで自分で取りかえたことがない。主人がいないと，こういうところで変わってくるんだな」と，日常生活の中で夫の不在を突きつけられていた。

（2）絶たれたつながりがグループの中で回復していく

「外に出たくない。『ご主人が亡くなったらローンもなくなったの？』と興味本位で聞いてくる人もいるので」「最近，ご近所とのトラブルがある。主人がいないから馬鹿にされるんだ」と，社会とつながることを恐れていた。ほかの参加者から「心ない人がいるね。優しくないね」と受け止めてもらい，「気持ちをわかってくれる人がいることが嬉しくて（涙）。前に進んでみようかな。涙は出てくるけど，気持ちが前向きになってきた。わかってくれる人はいないと思っていた。こんな気持ちの人間はいないと思っていたから。肩の力が抜けた」と，気持ちの変化を語った。

（3）一周忌後，夫に心残りを伝える

「もうすぐ1年ですが」と問いかけると，「百箇日が終わると落ち着くと言われたけど，その頃が一番つらかった。どのくらい経てば気持ちが落ち着くのかわからない。悲しみが消えるわけじゃないので。死にたいと思った。体の半分がなくなっちゃった感じがして。子どもがいたからやってきたけど」と語った。

夫の思い出の品を持ってきたリンコさんに「いま，ご主人に伝えたいことは？」と尋ねると，「亡くなる日に心配かけることを言ってしまった。ひとりにしないでって。心配かけたまま逝かせちゃって，ほんと，ごめんね」と，心残りを語った。「それを聞いてご主人はなんて言うでしょう」と問いかけると，「笑ってる」。「ご主人はいま，どこにいますか？」と尋ねると，「仏壇の中」と答えた。

（4）夫が遺してくれたものに支えられる

同居の家族の体調不良が続いていた。「それなのに笑顔で話していますね」と振ると、「主人のことを考えたら、たいしたことない。歩けるし、どうってことない」と語った。「ご主人が遺してくれたものですね」と返すと、「死にたいって思った時があったけど、主人はあんなに頑張っていたのに申し訳ない。後を追ったら怒るだろう」と語り、感想文には「まだまだ泣いてしまうこともあるが、いろいろなことを前向きに考えられるようになってきたように思う」と書かれていた。

（5）卒業──「自分だけではない」と思えたことが救いだった

その後、仕事の関係でグループへの参加は中断していたが、死別後2年の時に卒業の挨拶に訪れた。「世の中で自分だけがこんな思いをしているのだと思っていたのが、ここに来て、自分だけじゃないんだとすごく救われた」「いつ主人のところに行けるのだろう、これから先どうやって生きていったらいいんだろうって思っていたのが、主人に守られていたことに気づいた。時間ってすごいな」と、心境を語った。ほかの参加者が「今日は全然違う。最初に来た時よりたくましくなった。一本筋が通った」「ご苦労してきたね」と伝えていた。

つながりを取り戻す

故人が生きていた時間と亡くなってからの時間が分断されてしまったように感じていた人たちが、語ることを通して変わっていきます。過去の故人との関係の歴史が、いまの自分の歴史として、いまの自分を支えるものとして息づいていると思えるようになるのです（歴史の連続性の実感）。この「歴史の連続性の実感」によって、故人とのつながりの質は変わっても、故人が新たな場で見守ってくれていることを実感し、故人とのつながりが回復します（つながりの連続性の回復）。さらに、亡くなった時は過去に向かっていた思いが、「つながりの連続性の回復」によっていまを生きられるようになり、未

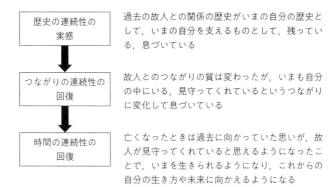

図7-3　悲嘆に適応していくプロセス（広瀬・田上, 2005；広瀬, 2011）

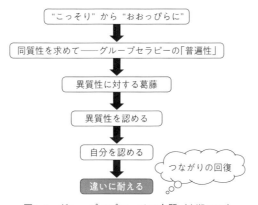

図7-4　グループアプローチの本質（広瀬, 2011）

来に向かえるようになります（時間の連続性の回復）。悲嘆に適応していくこのプロセスを示したのが図7-3（広瀬・田上, 2005；広瀬, 2011）です。

　サポートグループをはじめとしたグループアプローチには，故人とのつながりの回復とともに，人々や社会とのつながりを回復する機能があります（図7-4）（広瀬, 2011）。

　ひとりで"こっそり"本屋で，あるいはネットで，自分の悩みを調べていた人たちがグループに参加すると，みんなの前で自分が抱えている悩みを"おおっぴらに"語り，涙を流すことを受け入れられ，悩みに関連した知識や情報を"おおっぴらに"提供してもらえるようになります（プロセス１：

"こっそり"から"おおっぴらに")。ほかの参加者とのかかわりの中で，ほどなく「こんなことで悩んでいたのは自分だけかと思っていたけど，そうじゃなかった。みんな同じ」と認識するようになります。ヤーロムのいうグループセラピーの療法的因子の一つ，「普遍性」です（プロセス2：同質性を求めて――グループセラピーの「普遍性」）。しかし，次第にほかの参加者と自分との違いが見えてきて，葛藤や受け入れがたさが生じてきます（プロセス3：異質性に対する葛藤）。そのような否定的な思いからコミュニケーションを重ねていく中で，徐々に，違いは違いとして認められるようになっていきます。自分とは違うグループ内の人を認められるようになることは，健康な人や幸せな人といったグループの外の人への思いにも影響していきます（プロセス4：異質性を認める）。自分とは違う他者を認められるようになれば，他者とは違う自分をも認められるようになるはずです（プロセス5：自分を認める）。そのことで，社会の中で違いに耐えることができるようになります。厳しい現実に耐え，生き抜いていく力をみずからの中に回復していくのです（プロセス6：違いに耐える）。

　それは「つながりの回復」でもあります。あるいは，かけがえのない人が亡くなったことで，すべてのつながりを絶たれてしまったかのように感じていた人たちが，グループのメンバーとつながることで，自分との，他者との，そして社会とのつながりを回復していくのです。

サポートグループを始める時のポイント

　遺族のサポートグループを始めたいと思っても，スタッフを集めて時間を確保することは，なかなか困難な場合もあると思います。大切なのは遺族が集まる場を用意することなので，できる範囲で始めてみてください。

（1）場を提供する

　アドバイスをしなければいけない，うまく進行しなければいけないと思う必要はありません。集まった遺族が自由に語ったり泣いたりすることを見守

ってあげてください。遺族に場を提供することが最大の目的です。開催頻度
は，月1回でも数ヵ月に1回でもかまいません。無理なく始められるところ
からやってみてください。

（2）ケアを受けた医療者がいること

サポートグループはさまざまな場で行われるので，主催者もさまざまです。
故人がケアを受け，最期のひと時をともに過ごした医療者がいる場合は，闘
病中の出来事や気持ちを共有してもらえるという安心感を得られるでしょう。

（3）ルールを作る

場を提供するだけでよいといっても，その場で何が起きるかわからないと
思うと，うまく場を収められるか不安になるかもしれません。その場合はルー
ルを作って，参加者に最初に伝えておくとよいでしょう。たとえば，「喪
失と関係のある話題に限る」「守秘義務」「ほかの人を批判しない・比較しな
い・勧誘しない」「時間を独占しない」などです。ひとりで話し続ける人を
止めるのは難しいですが，ルールを提示しておけば，「最初に約束してもら
ったように」と，介入しやすくなります。

それでも特定の人が話し続けて，参加者全員に自由に語ってもらうことが
難しいと感じる時には，順番に語るという方法があります。筆者らのグルー
プでは，毎回最初に近況報告を順番に行っています。

（4）医療者も泣いていい

研修で参加した医療者は，「涙が出そうになって困った」という感想をよ
く語ります。医療者は専門家だから泣いてはいけないと思い込んでいるので
す。遺族の語りに共感して涙を流すことは人間として自然な姿です。

（5）振り返りの時間をもつ

短くてもいいので，毎回必ず振り返りの時間を設けましょう。それは参加
者がよりよい体験をもつために必要なことですが，医療者のケアとしても大

切です。そういう意味では最低二人で運営することをお勧めします。

（6）悩んだら専門家に相談する

「かかわり方はこれでいいのか」「専門家の治療を受けてもらったほうがいいのか」など，悩んだ時は周りの人に相談してください。精神科医や心理職がいない場合は，上司や同僚でもいいと思います。自分の力の限界を知り，他者に助けを求めることができる人が優れた専門職・専門家であり，支援者としての健康な力です。

（7）グループの中で大切な姿勢

ヤーロムら（Yalom & Vinogradov, 1988）はグループのリーダーの役割として，「メンバーに要求しない」「グループの自然な流れに干渉しない」「メンバー同士の自発的な相互作用を妨げないように介入のタイミングに注意する」ことを挙げています。第6章の「かかわりの基本的姿勢とポイント」も参照してください。

私たちは当事者の苦悩をすべてわかることはできません。私たちにできるのは，苦悩を抱えているメンバーに寄り添うことです。わかることのできないつらさや無力さを抱えながら共にいることなのです。

コラム⑧
グループを運営するファシリテーターに
必要な姿勢やスキルはありますか?

　ファシリテーターに必要な姿勢やスキルは,第6章に詳しく示しましたが,かかわりのポイントとして,「その人にとっての真実を尊重して聴く姿勢」「どのような感情も自然な反応であることを保証する」「身体および精神症状を把握する」の三つを押さえておくとよいでしょう。参加者個々の悲嘆への適応過程や適応のペースの個別性を尊重してください。何かをしなければいけないという気持ちは脇に置いて,参加者の力を信じて見守りましょう。そして,支援する自分自身の中に生じてきた感情を吟味することが大切です。喪失に対する自分の感じ方も見つめ直してください。

第Ⅲ部

グリーフ
カウンセリング
の実際

第 8 章

グリーフカウンセリング
への導入

グリーフケアとグリーフカウンセリング

第1章で,「グリーフケア」「グリーフカウンセリング」「グリーフセラピー」の三つの用語について説明を加えましたが,ここでもう一度,おさらいをしておきましょう。「グリーフケア」は,遺族への直接的・意図的な支援に限らず,**遺族の適応過程を支えるすべての取り組みや支援を指します**(坂口, 2022b)。「グリーフカウンセリング」は,**通常の悲嘆に対して,遺族の適応過程を促進するような働きかけや支援**,そして「グリーフセラピー」は,**通常の悲嘆から逸脱している状態に対して行う治療や介入**を指します(Worden, 2018)。

「グリーフケア」「グリーフカウンセリング」「グリーフセラピー」を行ううえで,支援者のもつべき知識やスキルは,重複する部分もあれば,そうでない部分もありますが,支援者としてあるべき態度や基本的な留意事項は共通しています。

第4～7章では遺族ケアの重要なポイントを詳細に述べましたが,本章と次章では,主にグリーフカウンセリングについて,具体的にどのように支援を行っていくかを述べていきます。グリーフカウンセリングの基本的な考え方やスキルは,幅広くさまざまな現場で使えるものですが,無償で行われる場合もあれば,より専門的なグリーフセラピーの中で行われる場合もあります。いずれにせよ,グリーフカウンセリングやグリーフセラピーでは,支援者は,遺族が自分の喪失や悲しみに深く向き合う場面に同席しますので,支援に入る前にその考え方や留意点を十分に学んでおく必要があります。また,

その後も継続的かつ積極的に学んでいかれることをお勧めします。

物語ることの重要性

　死別を経験した多くの遺族は，語るべき物語をもっています。「心の傷を深くしないためにも悲しみに触れないほうがよい」と，遺族の思いに関心を示さない態度をとる，あるいは腫れ物に触るような対応をするといったことは，遺族の助けになりません。

　ただし，語るためには，語るタイミングが尊重されること，そして真摯に耳を傾けてくれる人の存在が，とても重要です。自分の物語をいつ，誰に語るのかは，その遺族が決めることです。支援者が主導して決めるものではありません。最も尊重されるべきものは遺族の思いやニーズであり，「遺族自身が語りたいと思った時」が，語るタイミングです。大切なことは，どの時点においても，遺族の前では思いやりのある受容的な態度で，遺族自身の回復のペースや語るタイミングを尊重すること，そして，遺族自身が語りたいと思った時に，誠実な態度でお話を伺い，遺族が「この人に話してよかった」と思えるような安全な場を共有することです。

　一方，語ることには強い苦痛が伴い，傷口が余計に開いてしまう場合もあることを心に留めておきましょう。悲しみに触れることを過度に怖がる必要はありませんが，場合によっては，遺族が安全に語れる範囲を慎重に見守りつつ，時間を制限する，あるいは別の機会にもう一度お会いするなどして，一度に掘り下げすぎない配慮が必要になります。

　それでは，「物語る」ということは，遺族にとって，どのような意味があるのでしょうか？　それは単に感情を表出して，カタルシス[※1]を得るというだけではありません。遺族が自分の物語を語ることで，死別によって混乱し，分断していた記憶のピースが整理され，つなげられます。その過程で，死別が一つのストーリーとしてまとまることで，愛する人の死が現実のもの，意

　※1　カタルシスとは精神分析の概念で，無意識に抑圧されている体験の記憶や感情を言葉に出すことで心が解放，浄化されることを指します。

味のある道筋として認識されるようになります（Rynearson, 2001）。それが，現実を理解したり，死に対して自分に非がないことを少しずつ納得したり，自分はひとりでないことに気づくことにつながります。また，ピースをつなげていくプロセスでは，悲しい出来事だけでなく，愛する人との楽しかった思い出やその人が遺してくれた言葉，その人の人生，苦しい期間を支えてくれた人たちなどが思い起こされ，それまでの自分の人生，その人との人生を振り返り，死別の意味や人生の意味を見出すきっかけとなる場合が少なくありません。一連の物語る作業を通して，自分の体験や自分自身の理解が深まるのです。

支援する自分の立場と限界を自覚する

　遺族の支援を行う時には，まず自分の立場を明確に自覚することから始めます。遺族支援の提供者は，「支援者」「治療者」の立場というよりも，「ビフレンダー（Befriender）」と呼ばれる，友人のような対等な立場でかかわることが重要であるといわれています。「友人のような対等な立場」といっても，ビフレンダーは，遺族支援に関する特別なトレーニングや研修を受け，研鑽を積んだボランティアを指します。

　「支援者」「治療者」という呼び名は，主に職業的なかかわりの中でお会いすることを強調するもので，支援者と遺族は「支援する人-支援される人」の関係と考えられます。一方のビフレンダーは，仕事上という枠にとらわれず，遺族とは対等な関係で，職種や立場を限定しません。ビフレンダーが当事者の立場で，同じ経験をした人を支援している場合もあります。心的外傷後成長（PTG）を提唱したテデスキは，支援者や治療者も Companionship（交友関係）を大切にし，「コンパッションフレンズ（共に悲しみを共有する友人のような人）」として遺族にかかわることを推奨しています（Tedeschi & Calhoun, 2004a；Tedeschi et al., 2018）。筆者（瀬藤）が2010年にイギリスの子どものホスピス（ヘレンハウス）に視察に行った時も，その子どもホスピスの理念として，"Friendship（友情）" と "Live Deep（深く生きる）" の二つが

掲げられていました。そして，その言葉通り，まるで友人のように温かな態度で家族や遺族に接するスタッフの姿がとても印象的でした（瀬藤・岡崎・鍋谷他，2011）。また，ボスも，喪失を支援する時の基本姿勢として，「私たちは治す人でも癒す人でもない」と述べ，たとえ立場上は「支援者」や「治療者」として遺族にお会いする時も，「対等な立場で関わること」を常に心がけ，遺族の悲嘆過程に「寄り添う姿勢」を重視しています（瀬藤，2019a）。

　また，どの程度その遺族にかかわれるかによっても，支援者としてできることは変わってきます。一回きりなのか，今後もお会いするチャンスがあるのか，そういったこともふまえて，自分の立場を自覚しておく必要があります。

　そして，遺族支援を行う場合は，どんな立場の人であっても，支援の中でできる自分の「限界」を認識しておくことが重要です。遺族支援には限界がつきものだからです。どんなに時間をかけて丁寧にお話を伺ったとしても，私たちが遺族の寂しさや悲しみを埋めることができるわけではありません。何か力になれそうな言葉を探して伝えたからといって，その方がすぐに元気になるわけでもありません。

　対人援助職など，人を支援することを志向する人たちは，支援したことによって，その人が元気になったり，何かよい変化が起こることを期待しがちです。また，私たちの胸の内には，どこか「元気になってほしい」「頑張って乗り越えてほしい」という気持ちがあります。しかし，遺族支援では，泣いて終わることも，かける言葉さえ失うこともあります。また，支援者にとってもまったく出口が見えない時もあります。

　しかし，そうであっても，寄り添う人の存在がとても重要です。遺族の10の訴えのうち，9に対して何もできなくても，1の支援が尊いのです。それを胸に刻んでおかないと，遺族を支援する人は，しばしば燃え尽きてしまいます（第11，12章参照）。遺族の語りの中で，すぐに解決できることは少なく，私たちができるのはほんのわずかなことであったりします。それでも，遺族のレジリエンスを信じ，寄り添うためには，遺族を支援することの価値をしっかりと認識することが大切であり，そのためには，支援について学び

続けることが不可欠なのです。

グリーフカウンセリングを開始するきっかけ

　もしあなたが，故人の生前から家族にかかわっており，死別後も支援を継続したいと思った時，どのように遺族と接点をもてばよいでしょうか？

　死別後しばらく経って遺族にお会いするきっかけとして，最も自然な形は，前もって連絡先を知らせておくことです。亡くなった後，施設を離れるお見送りの時などに，「何か困ったら，ここに連絡くださいね」と電話番号を書いたメモやカードなどをお渡しする方法です。

　最近では，組織として遺族の相談窓口をあらかじめ決めておき，連絡先を記載したグリーフカード[※2]をお渡しする施設もあります。ただし，愛する人を亡くした病院は，遺族にとって，亡くなるまでの，あるいは亡くなった時のつらい記憶を思い起こさせる場所でもあり，施設に出向くことを躊躇される遺族が少なくないことを知っておきましょう。遺族から連絡が来た場合，電話や家庭訪問なども含めて検討し，遺族に負担のない方法を尋ねることが大切です。

　遺族は，葬儀や死亡後の手続きなどに追われ，四十九日頃までは忙しい日々を送っています。それが終わると，人と会う機会も減り，次第に寂しさや悲しさが増す人が多いようです。少し時間をとってゆっくりお話を伺うとすれば，四十九日や百箇日の後のほうが落ち着いているかもしれません。

　また，その頃に手紙を出すという方法もあります（第6章）。ただし，形式的にすべての遺族に手紙を出すよりは，あなたが手紙を書きたいと思った遺族に，お悔やみの言葉と連絡先を書いた短い文面の手紙を出すほうが，双方にとって負担が少ないかもしれません。書き方に決まりはありませんが，心のこもった手紙は遺族に喜ばれます[※3]。

　最近では，ホスピスや病院などが定期的に遺族会を実施したり，地域の精

※2　グリーフカードとは，遺族と死に立ち会った医療者をつなぐためのカードで，「グリーフカード」と検索すればインターネットからダウンロードできます。

神保健福祉センターなどで自死遺族のグループなどを行っているところもあります。それ以外にも遺族を支援するサポートグループやセルフヘルプグループ，支援団体が全国的に増えていますので，終末期や救急の看取りの場面に携わっていなくてもボランティアでそのような場にかかわることもできるかもしれません。

また，個人的に，話を聞いてあげてほしいと人から頼まれることもあるかもしれません。実際，筆者も人からの紹介で，初めてお会いする遺族につながった経験が何度もあります。

葬儀会社や宗教関係の方は，儀式や法要，お墓参りの機会などを通して，遺族に接する機会があると思います。そうした立場の人は，海外では遺族支援の重要な担い手とされています。

カウンセリングの導入

カウンセリングのやり方やそこで扱う内容は，遺族の状況はもちろんのこと，あなたの立場や，あなたと遺族との関係性によっても大きく異なってきます。そのため，これから述べるやり方は，あくまで一つの参考例と考えてください。

あなたがもし遺族とお話しできることになったら，十分な時間と静かな場所が確保できるように準備してください。遺族が病院に挨拶に来られた時などに，ほんのわずかな時間，立ち話で言葉を交わしたり，ねぎらいの言葉をかけたりすることも遺族にとっては支えになりますが，しっかりとお話を伺う場合は，落ち着いて座って話すことができる静かな場所を確保することが大切です。グリーフカウンセリングは，面接室などフォーマルな設定の中で行わなくてもかまいません（Worden, 2018）。待合室，院内の静かな空間などでもよいので，話しやすい場所を遺族と相談のうえ，決めればよいと思いま

※3　遺族に手紙を書いても，多くの場合，返事はありません。それは，人に手紙を書くにはエネルギーが必要で，死別後はそのエネルギーがないことが多いからです。返事がなくても心のこもった手紙は大きな支えになります。

す。亡くなった場所に行くことがつらい場合は，遺族の自宅も，お話を伺うのに適した場所の一つといわれています（Worden, 2018；Parkes, 1980）。また，場合によっては電話を使ったり，最近ではZoom等を用いてオンラインでグリーフカウンセリングを行うことも可能です。

（1）言葉をかけ，緊張を和らげる

遺族にお会いした時は，まず，弔意やねぎらいの言葉を伝えます。たくさんの言葉を並べる必要はなく，「このたびは，本当に大変でしたね」「心からお悔やみ申し上げます」「その後，どうされているか，案じていました」といった一言だけでもかまいません。初めてお会いした遺族であれば，「ここまでいらっしゃるのに，とても不安だった（あるいは勇気が必要だった）ことと思います。よく来てくださいましたね」といった言葉があると，緊張が和らぐと思います。

家庭を訪問する場合は，可能であればご焼香や，故人の写真に手を合わせることから始めるとよいでしょう。また，飾られている写真や，スマートフォンに入っている写真などから，思い出される故人の思い出話などを話題にすると，その後が話しやすくなります。

筆者は，故人の写真に手を合わせる時は，「この後のカウンセリングが遺族にとって少しでも役立つように助けてください」とお願いする気持ちで手を合わせています。海外でのグリーフセラピーにおいてもいわれていることですが，遺族支援では，故人がカウンセリングやセラピーを助けてくれることがあります。その方が遺族の話の中に登場したり，あるいは姿はなくても，どこか私たちの会話を見守ってくれている，そんな感覚です。自分と遺族，そして故人の三者協同でカウンセリングが進んでいく，そのようにイメージするとよいと思います。

（2）時間の設定

状況にもよりますが，お会いしたタイミングと，遺族が話をしたいタイミングが合えば，あなたがもともと故人や遺族のことをよく知っているか否か

にかかわらず，遺族がたくさんのことを話される可能性があります。時には，いったん語り出すと，話がなかなか終わらず，長時間に及ぶ場合もあります。

　そのため，最初の会話でお互いの緊張が少しほぐれたら，この後，何時まで時間がとれるのか，自分自身も何時までならお話しできるのかを，あらかじめ共有しておきましょう。先に共有しておくことが，双方の負担を減らすことになります。

（3）現在の生活とニーズの確認

　次に，遺族の現在の生活やニーズを確認してみます。遺族は，情緒的な問題以外にも，生活上の問題や経済的な困窮，相続の問題，あるいは家族関係・親族関係などで困っている場合もあります。「いま，どのように過ごされていますか？」「食事や睡眠はとれていますか？」「つらくてどうしようもない時はありませんか？」「何か困っていることはありますか？」といったいくつかの質問で，遺族の現在の状況が少しずつみえてきます。遺族が話すペースに配慮しながら，ゆっくりと質問していくことが大切です。沈黙があっても，すぐに言葉をはさまず，少し待ってみてください。言葉を探している時間も，遺族にとっては意味のある時間です。

　まずは丁寧に，心をこめて遺族の話を聴くことが基本姿勢です。どんなに強い悲嘆反応を訴えられても，心配な状況に思えても，死別後数ヵ月以内であれば，多くは正常な悲嘆反応です（第3章参照）。ニーズに関しては，支援者側の先入観をできるだけはさまないように，シンプルに「何か困っていることはありますか？」「何か私にお手伝いできそうなことはありますか？」と尋ねてみるのがよいでしょう。死別後のさまざまな手続きや，お墓の問題，子どもの養育といった現実的な問題が出る場合もありますし，何らかの情報がほしいという方もいます。答えが出なくても，一緒に考える，一緒に情報を集めることが，大きな助けになることが少なくありません。また，できないことに対しては，できないと答えてかまいません。

　同居しているほかの遺族の状況についても，確認してください。とくに遺族の中に子どもがいる場合は，必ず子どものいまの様子を確認しておきます。

まずは遺族のお話に耳を傾け，状況やニーズを確認するだけで十分です。ただし，訴えの中で，自殺の危険性を感じた場合は，危機介入が必要となります。少しでも危ないと感じたら，「死にたいと思っていませんか？」とダイレクトに聞くことが大切です。危機介入の方法は，次章（151頁参照）で説明しています。

カウンセリングの開始

　「死までの経過」「遺族と故人の関係性」「悲嘆反応の推移」「死別による影響」の四つは，遺族の状況や心情を理解するための大切な情報となります。そのため，グリーフカウンセリングでは，まず以下の四つの質問を投げかけます。

①「愛する人の死について，経過や起こったことを教えてください」（**文脈**に関する質問）
②「その人について教えてください。あなたとの関係性や，その人への思いを聞かせてください」（**愛着**に関する質問）
③「死別後のあなたの心や体の状態について教えてください。それは時間とともに，変化はありますか？」（**症状**に関する質問）
④「あなたの生活は，その人がいなくなって，どのように変わりましたか？」（**生活**に関する質問）

　もしあなたが生前から故人やその家族にかかわっており，①や②はすでに知っているのであれば，③から始めてもかまいません。
　大切なことは，遺族が語っている時のあなたの応答です。支援する際の基本的な姿勢は第4章で述べましたが，言語的なやりとり以外にも，眼差しやうなずき，表情，声のトーンやスピード，応答の仕方といったノンバーバルなコミュニケーションによっても，遺族があなたに心を開くことができるかどうかが変わってきます。「心を開いて話せること」は，相手を信頼してお

り，その場所が安全であると感じている証です。逆にあなたが困った顔をしたり，あなたのほうがしゃべりすぎたりすると，遺族の心が閉じてしまいやすくなります。

　自分自身の言葉で語る遺族に対し，私たちはコメントや助言をするのではなく，忍耐強く，ただじっと耳を傾けることが基本姿勢です。ネガティブ・ケイパビリティ（negative capability，消極的でいる力，答えの出ない状況に耐える力）という言葉がありますが（187頁参照），その力が遺族の支援者には求められますし，傾聴する力も極めて重要です。もともと仕事上，傾聴の機会が多い援助職であっても，傾聴のトレーニングを受けておくことは，遺族の支援にとても役立ちます。

遺族自身ができそうなことを伝える

　死別後の遺族に最初にお会いした時は，これまでのお話に耳を傾け，現在の状況を確認するだけでも，通常の悲嘆の場合は，そのやりとり自体が十分な支援になっています。また，カウンセリングの時間もかなり経過しているはずです。

　あなたの立場や，その時の遺族の状況にもよりますが，まだまだつらそうな時期であったり，あなたが遺族に役立ちそうな情報をもっていたりする場合は，カウンセリングの最後に，「控え目に」情報提供を行ってもよいでしょう。その情報が，本当に遺族に役立つかはわからないですし，情報量が多すぎるとかえって負担となる場合もありますので，筆者の場合は，「お役に立つかどうかわからないですけれど……」と，あくまで控え目に伝えるようにしています。

　一つの例として，図8-1のような自分自身でできるセルフケアに関するリーフレットをお渡しする方法があります。最近では，遺族向けのリーフレットやパンフレットで，インターネットからダウンロードできるものもあるので，それらを活用してもよいでしょう。

　遺族の様子から，何か心配な面が感じられた場合は，その部分をもう少し

大切な人を亡くしたあとに役立つかもしれないこと

下記の事項は，もしかするとあなたに役立つかもしれません。できそうなことから少しずつ行ってみましょう。

（1）自分自身を優しい気持ちでケアする

- 自分自身を責めず，優しい気持ちをもちましょう。自分を責めないことは，とても大切なことです。
- しっかり睡眠をとり，少しでも三度の食事をとりましょう。また，起きる時間・寝る時間など，毎日決まったスケジュールを作ってみましょう。同じ生活パターンが繰り返されることが，心の安定にも役立ちます。
- 自分の助けになると感じる人と，一緒に過ごしましょう。助けてほしいことがあれば，その人に，具体的に伝えてみてください。つらい時，助けてくれる人は多いものです。
- 泣きたい時は泣き，涙も出ない時も，それでかまいません。涙が止まらない時は，無理に止めようとせず，涙はそのままに，泣きたいだけ泣きましょう。
- 大きな決断は，できれば生活や気持ちが落ち着いてからにしましょう。
- 体や心の不調が続く場合は，医療機関を受診しましょう。また，身体を動かすウォーキングや運動，ヨガ，マッサージ，音楽を聴く，歌をうたう，公園の散歩など，自分なりにリラックスできる方法を少しずつ行ってみましょう。

（2）現実を受け入れる

- 現実を受け入れ，いまの生活に慣れるためには，時間が必要です。亡くなった愛する人のためにできることを，少しずつ行うことで心の整理がつきやすくなる場合があります。祈ること，花を飾ること，お墓参りをすることなど，できそうなことを行ってみましょう。
- 死別後に起こる心や体の変化は個人差があり，比較的短い期間で落ち着く人もいれば，何年も続く人もいます。かかる期間や苦しさの程度を人と比べる必要はありません。自分のペースで少しずつ……が大切です。

（3）信頼できる人と話をする

- 自分の体験を，信頼できる人に話してみることが役立つ場合もあります。話をしたくない時に，無理に話す必要はありませんが，信頼できる人に話すことで，次第につらい記憶の感じ方が変わることがあります。

（4）自分をサポートしてくれる人を探す

- 友人や同じ体験をした遺族など，自分が一緒にいてほしい人，回復の助けになる人を探してみましょう。
- 全国に大切な人を亡くした方のためのわかちあいの会（遺族会）があります。同じ体験をした人と出会うことが，助けになる場合があります。

（5）そのほかのこと

- 死別後の心の状態は，行きつ戻りつしながら少しずつ楽になっていきます。命日や思い出の日などは気持ちがつらくなりやすいため，ひとりではなく，一緒にいたいと思う人と過ごすようにしましょう。
- 死別後に周囲との人間関係が大きく変化することがあります。自分からまわりの人々を遠ざけてしまわないようにしましょう。一人になりたい時には，相手にそう伝え，助けてほしい時も，遠慮せずに伝えてみましょう。
- 死別後，誰かに怒りが爆発してしまうことがあるかもしれません。自分自身のそのような感情に苦しむ時には，信頼できる人にその気持ちを聞いてもらうことが良い場合もあります。

図8-1　遺族向けのリーフレットの例

詳しくお聞きします。経過をみていく必要があると感じた場合は，心配していることを伝えたうえで，今後のフォローについて，遺族のニーズも確認しながら，よく話し合うことが重要です。

カウンセリングの終了

カウンセリングの終わりの時間になったら，遺族に，話をしてみてどのように感じたかを聞いてみてもよいでしょう。「またお電話しますね」「困った時は連絡をください」など，具体的にできそうなことがあれば，伝えておくとよいと思います。

その時間で遺族がたくさん涙を流されたとしても，また，その方がいまも悲しみの中にあったとしても，お互いがよい時間を共有できたと感じられたならば，それはとても意味のある時間だったといえます。

ただ，遺族も支援者も，語ること，そして心をこめて傾聴することで，多くのエネルギーを使うことになります。その日はゆっくり休むように伝え，十分にねぎらいの言葉をかけてください。あなた自身も家に戻ったら，しっかりと休養をとり，セルフケアを心がけてください。

時間が足りず，話が途中で終わってしまった場合には，別の機会を約束することもあるかもしれません。ただし，次にお会いする約束をする場合は，守る自信のない約束はしないようにしましょう。

〔弔問の一場面〕

訪問看護師のルミさんは，3ヵ月前に夫を亡くしたヨシコさんがどうしているか，ずっと気になっていた。たまたまその日，ヨシコさんの住まいの近くを通りかかったので，インターホンを押すと，ヨシコさんが出てこられた。

ルミさん　どうされているかと思いまして……。急に訪問してすみません。もしよろしければご焼香させていただけませんか？

ヨシコさん　（嬉しそうに）まあ，本当に？　主人も喜びます。どうぞお入りになってください。

　家の中はきちんと片づいていたが，夫がかつて使っていた部屋は，ひっそりと静まっていた。ご焼香が終わり，ルミさんはヨシコさんに語りかけた。

　ルミさん　ありがとうございました。もう一度お宅にお伺いできたらとずっと思っていたんです。久しぶりにご主人のお写真を見て，嬉しくなりました。

　ヨシコさん　こちらこそありがとうございます。（写真に向かって）ねえ，あなた，今日は看護師さんが来てくださって，本当によかったね。本当にお世話になったものねえ。

　ルミさん　生活がずいぶんと変わられたと思いますが，いかがお過ごしですか？

　ヨシコさん　主人が亡くなった後，しばらくはどう過ごしていたのかも，よく覚えてなくて……。息子夫婦がずいぶん心配して，いまも時々訪ねてきてくれます。でも最近やっと，少しずつ落ち着いてきました。主人の大事にしていたキンモクセイの木があるんですけど，少し世話を始めたり……。世話をするといろいろと思い出して，泣いてしまうこともありますけど，枯らすときっと主人に叱られますから（苦笑）。

　ルミさん　そうなんですね。ご主人，いつもこの部屋から庭を見ておられましたものね。ところで，ヨシコさんはいま，何か困っておられることはありませんか？　健康上のこととか，生活のこととか……。

　ヨシコさん　私のことまで心配していただいて，ありがとうございます。息子夫婦も気遣ってくれるので，おかげさまでぼちぼちやってます。

　ルミさん　そうですか。それならよかったですが，何かあった時は，訪問看護ステーションのほうに連絡いただいて大丈夫ですよ。それもお

伝えしておきたくて……。

ヨシコさん　そんなふうに，私たちのことを覚えてくださっているだけで，本当に嬉しいです。（写真に向かって）ねえ，あなた。ルミさんたちを頼りにされている方がたくさんいるから，体に気をつけて頑張ってもらわないとね。（ルミさんに対して）それこそ近くに来られたら，またお茶でも飲みに寄ってくださいね。

ルミさん　はい，喜んで！（写真に向かって）また来ますね。今日はお会いできて，本当に嬉しかったです。ありがとうございました。

　もしあなたが生前からかかわってきた支援者ならば，ちょっとした電話や弔問を喜ばれる遺族は少なくありません。生前の故人を知る人には，故人の話をしやすいですし，そのことが慰めにもなります。

　ヨシコさんは，少しずつ落ち着きつつある様子でしたが，通常の悲嘆であっても，この後しばらくは，気持ちがつらい時もあるでしょう。ただし，会話の中では，いまも変わらぬご主人との絆が感じられますし，息子夫婦のサポートがあることも確認できました。連絡先も伝えていますので，いまの時点で頻繁に様子をうかがう必要はありません。

コラム⑨

家に引きこもっている遺族に対して，
何かできることはありますか？

　悲嘆反応の一つとして，「引きこもり」が死別後に出現する場合があります。外出や人づきあいのエネルギーが残っていない，知らない人に故人のことを聞かれることが怖い，あるいは，自死や事件などでは，周囲のスティグマ[※]から逃れたいなど，引きこもる要因はさまざまです。引きこもることで，その人が何とか自分自身を保っている場合もあり，一概に悪いとはいえません。

　大切なのは，引きこもっている遺族が孤立しないように見守る人の存在です。一日一回，温かい声をかけてくれる人がいるだけでも違います。少しでもその遺族と接点をもつことができる人がいれば，その人を通じて，あなたが心配していることや，何かできることがあれば連絡してほしいということを伝えてもらうとよいでしょう。

　※　周囲から否定的な意味づけをされ，不当な扱いを受けることをスティグマといいます。たとえば「賠償金をもらうために訴訟をしている」などの不当な憶測やいわれのない噂が流れ，遺族がさらに傷つく場合があります。また，そのようなスティグマを恐れて，遺族自身も，苦しい状況でも人に助けを求めないこともあります。

コラム ⑩

突然亡くなった方の遺族に対して，
どのような支援を行えばよいですか?

　突然の死別の原因には，いろいろなことが考えられます。災害，事故，事件などの多くは，予期せず起こりますが，病死や自死でも，心の準備がまったくない場合が少なくありません。「突然の死」が，必ずしもその後の不適応に関連するわけではないとする報告もありますが，その後の適応・不適応に限らず，突然の死別の遺族へのインパクトは非常に大きなものとなります。そのため，重症患者が搬送された時，死亡告知の時，あるいは息を引き取る時などの重大な局面では，家族支援の重要性を医療者が認識しておくことが大切です。

　救急などのクリティカルな場面では，できれば家族支援を行う専属のスタッフがいると望ましく，行われている救命治療の状況，患者の様子を頻繁に家族に伝えます。また，最悪の状況も含めて考えた時，家族に何か希望や意向があるかを確認し，家族のニーズに対して少しでもできることはないかを検討します。また，短時間でも，治療を受けている家族の姿や，医療者が懸命に力を尽くしている姿を見ることは，差し迫った状況を理解したり，医療者への信頼感を高めたりすることに役立ちます (瀬藤・坂下・黒川他, 2008)。

　また，突然の死の場合は，その時点では何が起こったかを遺族が正確に理解することが難しいため，死別後にもう一度，医療者から死の原因や経過を聞きたいと思う場合があります。その場合，亡くなった後にそのような機会が保障されることが，遺族の助けになります。連絡先など

を書いたグリーフカードをお渡しするのもよいでしょう（126頁参照）。

　最近では，搬送された重症患者の家族に寄り添い，必要な支援を提供する専門スタッフ（入院時重症患者対応医療メディエーター）を置いたり，コロナ禍の間は，面会ができない中でもタブレットを用いて，患者の様子を家族が確認できるように配慮するなど，救急医療の現場の中で，家族支援の重要性が認識されつつあります（瀬藤・坂口・村上他, 2020）。突然の死では，医療従事者と家族がコミュニケーションをとる時間的制約も大きいため，今後，工夫を重ね，取り組みを一層充実させていくことが重要と考えられます。

第 9 章

グリーフカウンセリングの展開

　前章では，グリーフカウンセリングの初回に，遺族にお会いした際のかかわりについてまとめました。それがたった一度だけであったとしても，遺族にとってとても意味のある機会になります。

　もしあなたが継続的に遺族にお会いできる立場で，遺族もそれを望んでいる場合は，二回目以降の機会をもつことがあるかもしれません。その時は，その遺族が最も取り上げたい話題，あるいは最も解決したい問題を中心に，話をする時間をもつとよいでしょう。グリーフカウンセリングの展開において，決まった道筋や必ず取り上げるべきテーマというものはなく，どの回においても，遺族が話したいこと，ニーズや要望などを確認しながら進めることが原則です。

　とはいうものの，カウンセリングの場面では，遺族のその時の状況に合わせて，知っておくとよい支援方法や支援者の態度があります。本章では，筆者（瀬藤）がよく使う方法を紹介します。グリーフケアやグリーフセラピーにおいて使える内容も含まれています。

喪失体験や故人のことを扱う

（1）故人との思い出を語る
　前章でも，遺族が「物語る」ことの重要性を述べましたが，故人との思い出を語ることは，しばしばグリーフカウンセリングの主要なテーマとなります。ある時は故人の人柄，ある時は故人との思い出やエピソード，ある時は闘病中や病院に運ばれた際のこと，臨終の際のこと，ある時は故人や家族の

写真，手紙やLINEに残されたメッセージ，映像，形見の品が，話題にのぼるかもしれません。実際に，アルバムやスマートフォンに入っている写真や形見の品を見ながら，お話しすることもあると思います。たとえ死に関連した出来事自体は受け入れ難いものであっても，一連の経験として話すことができる人は，回復力があるといわれています。ただし，そこでは聴き手となる人の存在と聴き方が重要な役割を果たします。

　繰り返しになりますが，この時，話し手は遺族ですので，話の展開の主導権は遺族にあります。故人との思い出は，悲しみを伴う場合もあれば，その時を思い出して，思わず笑いがこぼれる話が出てくる場合もあるでしょう。「死別直後なので，悲しいはず」「遺族だから悲しみを表出するはず」あるいは「悲しみを表出したほうがいい」といった支援者の思い込みに注意し，素直な遺族の語りに耳を傾けてください。また，話すだけでなく，故人の好きだった音楽を一緒に聴く，故人の好きだった料理を一緒に作って食べる，故人の好きだった場所を一緒に訪ねるといったことも，遺族にとっては，愛する人を偲ぶとてもよい機会になる場合があります。ヘツキが言うように，故人を一緒にリメンバーする（思い出す）ことが，遺族に喜びをもたらす場合が少なくないのです（42頁参照）。

　以前，筆者が小児科臨床をしていた頃，遺族と一緒にお墓参りに行き，その道中にさまざまなお話を伺うことがありました。亡き子どもへの遺族の深い思いを知ることのできる，貴重な機会でした。組織としてグリーフケアを行っている場合は，個人として動くことが難しいことも多いと思いますが，決まったやり方はありませんので，臨機応変に，決して無理をせず，自分のできる支援を行うことが大切です。

　故人への思いや思い出を扱う時，必ずしも，喪失や悲嘆だけに焦点を当てる必要はありません。大切なのは，自分の経験や思いを言葉にすることが「慰めを得る機会」になっているか，ということです。話している間は涙を流しても，終わった時には「話ができて，今日はよかった」と遺族自身が思えれば，有益な時間をもてたといえます。

　一方，語りの中で苦痛，怒り，罪責感が堂々めぐりするような場合は，同

じ話を何度も繰り返すことは，好ましくありません。その時は，支援する側からあえて違う話題を提案するとよいかもしれません。陰性の感情は，話をして吐き出すことがよい場合と，何度も繰り返し話すことで陰性の感情を強化してしまう場合があることを覚えておきましょう。

（2）メタファー（隠喩）を使う

メタファー（隠喩）は，グリーフカウンセリングでしばしば用いられる古典的な技法の一つです。喪失のイメージを象徴するものをメタファーといいます。たとえば，「自分のいまの思いを雨音で表すと，どんな音ですか？　ざあざあ，しとしと，ぽつりぽつり……といったように，何かぴったりする音，あるいは心に浮かぶ情景はありますか？」「自分の心の痛みをどこで感じていますか？　頭？　胸？　手？　どのような痛みですか？　その部分が，いま，どんなふうに感じられますか？」「亡くなったその方を思うと，心にどんな色が浮かびますか？　亡くなった直後といまとでは，その色合いに変化はありますか？」といったような問いかけをする中で，頭で認知している喪失体験が，異なる形で象徴的に表されます。これは，五感やイメージに働きかけるアート的な技法です。このようなアートの技法は，遺族の心に大きな慰めを与えることがあり，海外のグリーフセラピーでは，アートを用いたワークや象徴的な儀式がしばしば使われます（Neimeyer, 2012）。

筆者は，ポーリン・ボス先生から，メタファーの技法の一つとして「石のワーク」を教わったことがあります。支援者がいろいろな形や色，大きさ，重さの石を集め，バスケットの中に入れておきます（写真9-1）。人生の中で，いくつか喪失体験があれば，体験ごとに，それを象徴する石を選んで順番に置いていってもらいます。その後で，それぞれの出来事と，その石を選んだ理由を話していただいてもかまいません。たくさんの石が並ぶかもしれませんが，遺族の人生の物語が象徴的に視覚化されます。

（3）泣くことを自分に許す

泣くことを過度に抑えていたり，泣いてばかりいる自分を情けないと感じ

写真9-1 「石のワーク」で用いるバスケット

る遺族は少なくありません（92頁参照）。こんなふうに泣いてしまう自分が情けない，いつまでも泣いてはいけない，と思っている遺族には，泣くことを自分自身に許す（Permission）大切さを伝えてみます。「泣きたい時には思いきり泣いていいのですよ」と伝えることで，グリーフカウンセリングの場が，泣くことを許すきっかけになることもよくあります。

　成長するにつれ，私たちは次第に泣くことを「恥ずかしい行為」「すべきではない行為」とみなし，文化的にも「大人がいつまでも泣くべきではない」「男性が泣くのは恥ずかしいことだ」といった通念があるために，心の中では泣きたい時にも泣く行為が阻害されていきます。しかし，泣くことは，悲しみを健康的に解消し，心と体の緊張を解き放ち，心身を癒す力があるといわれています（Leick & Davidsen-Nielsen, 1991）。たとえそれまで気丈に見えた遺族が，激しく，あるいは，しくしくと泣かれる場面があっても，多くの場合，それは肯定的にとらえてよい涙です。あなたは，その涙を早くおさめるのではなく，悲嘆過程の中での重要な喪の作業であると考え，優しい眼差しでそっと見守る人であり続けることが大切です。

　泣くことにもさまざまな深さがあり，悲嘆過程が進むと，泣くことによって，より深く心身の緊張が緩和されるといわれています。「泣くこともできない」「泣いてはいけない」と感じている遺族に対して，性急に，「泣いたほうがいい」「泣くべき」といったような態度をとってはいけませんが，泣く

ことに対して，支援者がその意義を知り，寛容であることが重要です。

（4）喪失体験の意味を話し合う

「意味を見つける」ことは，起こった出来事や状況に対して，論理的で納得のいく理由づけを見出すことをいいます。死の状況があまりに悲惨であったり，無念の死であったり，喪失自体があいまいで何を失ったかがわからないような「あいまいな喪失」（32～33頁参照）の場合はとくに，喪失の意味を見出すことが困難になります。

喪失体験の意味を見出すことができないと，自分が体験したことに無力感しか残らず，人生が空虚で，生きる価値がないものになっていきます。フランクルが，アウシュヴィッツの収容所で意味を探したように，どんなに悲惨な状況にあっても，起こった出来事に意味を見出すことは，人生を生き抜くために重要と考えられています。そして，意味を見つけるためには，「喪失を語る」ことが重要な手段となりますので，私たちが忍耐強く耳を傾けることが大切です（Boss, 2006）。

遺族は悲嘆過程の旅の中で，意味を求め続けていますが（22頁参照），意味を見出すことは，もちろん簡単にできることではありません。事故や災害，自死，犯罪などの暴力的な死別では，なおさらです。

それでも，遺族にいくつかの質問を投げかけることで，みずからの死別体験を，いままで考えたこともなかった別の角度から見直すきっかけになることがあります。たとえば，こういう問いかけがあります。「あなたにとってこの死別はどのような意味がありますか？」「この死別から何か少しでも学んだことはありますか？」「人生に苦しみが避けられないものであるとすれば，その苦しみにはどのような意味があると思いますか？」「この体験が，あなたの人生観や世界観にどのような変化を及ぼしましたか？」「あなたにとって，いまの状態から小さな一歩を踏み出すために，何ができそうでしょうか？　そのために，何が力になるでしょうか？」（Boss, 2006 ; Neimeyer, 2002）。

死別後初期はとくに，まったく意味が見出せない時期もあります。ま

た，状況によっては意味を見出せない期間が長く続きます。その時は，「意味を見出せない」ことが，その人の喪失の意味になることもあります（Boss, 2021）。ただし，意味が見つからなくとも，見つからないことを言葉にできることは，何が起こっているかわからずただ混乱した状態とはまったく異なるのです。

悲嘆反応や対処行動を扱う

（1）悲嘆反応を言葉にできない時，自覚がない時

遺族の中には，自分自身の悲しい気持ちや後悔，怒り，故人への思いなどを，言葉でうまく表現できない人がいます。また，悲嘆反応について知らないために，自分の症状が悲嘆の反応だと自覚できない人もいます。遺族にとって，悲しみを理解することは，自己を理解することです。悲嘆反応の理解が進むと，自己理解も進み，対処もしやすくなります。

先ほどのメタファーを使うのも一つの方法ですが，それ以外にも，悲嘆反応を言葉にしやすくする工夫や方法を知っておくと，グリーフカウンセリングがスムーズに進行します。

たとえば，図9-1のような悲嘆反応の説明を記載した用紙や，悲嘆反応について書かれた簡易なパンフレットがあれば，それを使うことも一つの方法です。[※1]

用紙には，悲嘆反応がそれぞれ簡単に説明されています。声に出して，1項目ずつ順番に書かれている文章を読み上げた後，「一般的にはこういうことが起こる場合があるのですが，ご自身はいかがですか？」と尋ねてみます。そうすると，「はい，私も本当にこの通りです」や「いえ，私はあまり感じないです」といった返答があります。あてはまると返答があった時には，「差しつかえなければ，もう少し詳しくご自身が感じていることを教えていただけますか？」と尋ねてみるとよいでしょう。この方法は，遺族自身が自

※1　筆者はPTSD研究の第一人者である飛鳥井望先生にこの方法を教えていただきました。その後は自分なりに工夫しながら，遺族の臨床でよく使っています。

死別後の「悲嘆反応」について

　悲嘆反応とは，大切な人を亡くした後に生じるさまざまな反応や症状のことです。最初は強い感情や症状に苦しむことがありますが，通常，時間の経過とともに，自然におさまっていきます。ただし，おさまるまで時間がかかることもあります。下記は，一般的に現れやすい悲嘆反応について説明しています。

（1）悲しみ，寂しさ，亡き人を思う気持ち
　死別後は，悲しみや寂しさが繰り返しこみあげ，「もう一度会いたい」と，亡き人を思い，切望する気持ちが強くなります。悲嘆反応の中で最も現れることが多いといわれています。

（2）現実が信じられない気持ち
　亡くなったという現実を受け入れることは，大変なことです。時には，その人がいなくなったことを否定したくなったり，いったん受け入れられたように感じても，また揺らいだりすることもあります。

（3）怒り
　死別後，ある時は神や運命に，ある時は周囲の人たちなどに，強い怒りが向く場合があります。ほかにも，加害者に対してや，病院関係者の治療や対応，心ない言葉を口にした人などに対して，強い憤りを感じることもあります。また，怒りは，外に対してではなく，内に向かい，自責の念や罪責感を強める場合があります。

（4）気分の落ち込み，気力の低下
　強い悲嘆は，気分の落ち込みや気力の低下を引き起こします。人と会ったり，以前は苦もなくできた仕事や家事でエネルギーを消耗したり，やろうと思うだけで負担に感じる場合もあります。人生そのものが空しくなり，生きる価値がわからなくなったり，いっそのこと，死んでしまいたいと思ったりすることもあるかもしれません。

（5）罪責感や後悔
　愛する人の生前，あれもしておけばよかった……など，自分のとった行動や，逆にできなかったことについて，自分を責める気持ちや後悔が強くなる場合がしばしばあります。また，自分だけが生き残っていることや，死別後に楽しみや喜びを感じることに対して，後ろめたさや申し訳ないという気持ちが生じることもあります。

（6）人間関係への影響
　深い悲しみは，人間関係にも影響を及ぼすことがあります。周りの人の何気ない言葉や態度に傷ついたり，怒りを感じたり，ひとりになりたいと思うかもしれません。

（7）体への影響
　悲しみの反応が，強い倦怠感，疲れやすさ，食欲低下や体重減少，不眠，めまいなど，体にさまざまな影響を及ぼすことがあります。

（8）行動の変化
　じっとしていられなくなり，過活動になったり，反対に家に引きこもってしまったりする場合があります。

　悲嘆反応が長く続き，苦しくて日常生活に支障がある場合は，カウンセリングやお薬によって症状を和らげることができる可能性があります。

図9-1　悲嘆反応を説明する用紙

分のいまの状況を客観的に理解する助けとなり，心理教育として使うことができます。

（2）悲嘆反応が非常に強い時，悲しみが長く続く時①

死別後しばらくは，通常の悲嘆であっても，悲嘆反応が非常に強い場合があります。強い悲嘆反応がある時は，悲嘆反応の「強さ」と「持続期間」をアセスメントすることが大切です。その方法の一つは第3章で紹介しました。グリーフセラピーを考慮する場合もありますが，グリーフカウンセリングの中で，セルフケアに関するリーフレットを渡したり（132頁参照），セルフケアとしてできることを一緒に考えたりすることもできます。

また，一般に悲嘆過程の留意事項とされている表9-1のような内容を伝え，それについて遺族と話し合ってみるとよい場合もあります。悲嘆反応と同様，各項目について，「一般的にはこういわれていますが，ご自身はいかがですか？」と尋ねてみるのです。悲しみにすぐ対処できる何かよい方策が見つからなくても，そのことについて話し合ってみることで，自分が感じていることに改めて気づいたり，自分のいまの状態を知るきっかけになったり，何かやってみようという気持ちが芽生えたりする場合が少なくありません。

ボスは，生きていくうえで心の支えになる人を「心の家族」と呼び，その人の心の家族は誰かを聞き，心の家族との結びつきを強めることが，喪失後の大きな力になると述べています（Boss, 2006）。心の家族は，本当の家族でなくてもかまいませんし，亡くなっている人と心の中で話すことでもかまいません。その人にカウンセリングやセラピーの場に来てもらうこともよいとされています。

（3）悲嘆反応が非常に強い時，悲しみが長く続く時②

亡き人の哀悼の気持ちを，その人なりの方法で表現したり，表出したりすることを「喪の作業（mourning work）」と呼びます。喪の作業は，悲嘆のプロセスを促進し，悲嘆反応を和らげる作用があるといわれています。ある人は泣くことで，ある人は亡き人との思い出を語ることで，またある人はお墓

表9-1　死別後の「悲嘆のプロセス」について

・多くの場合，悲しみは時間の経過とともに，少しずつ和らいでいきます。和らぐまでの
　期間は個人差があるため，人と比べず，自分のペースを大切にしましょう。
　⇒この文章を伝えたり，書いた紙を呈示したりした後，「悲しみが和らぐ」感じがあるか
　　どうか，あるいは，これまでの悲しみの感じ方の変化について話し合うことができます。

・死別の後，悲しみの感じ方はいつも同じではありません。突然悲しくなったり，大丈夫
　と思えたり，その波のせいで自分の感情がコントロールできなくなったり，余計につら
　く感じる時もありますが，それでも少しずつ感じ方が変わっていきます。
　⇒同様に呈示した後，どのような時に悲しみが強く，どのような時に少し和らぐかを確
　　認します。また，悲しみが深い日に，どのように対処しているかを伺います。場合に
　　よっては対処方法を一緒に考えます。

・何年経過しても，悲しみが消えることはありませんが，悲しみが少しずつ和らいでくる
　と，亡き人がそっと見守ってくれていると感じられるようになっていきます。
　⇒同様に呈示した後，「その人が一緒にいる，見守っている感じ」について，思ってい
　　ることを自由に，自分の言葉で話していただくことができます。

・悲しみや体験したことを，信頼できる人に聴いてもらうことが，心に閉じ込めてしまう
　よりもよいといわれています。つらい時期は，信頼できる人に甘えていいのです。
　⇒同様に呈示した後，自分にとって役立つ「悲しみの対処法」について話し合うことが
　　できます。また，家族のように心を許せる人（心の家族）は誰か尋ねて，その人から
　　サポートが受けられるように，私たちが支援することもできるかもしれません。

参りに通ったり仏壇に花を毎日供えたりすることで，自分なりの喪の作業を
行いながら，気持ちや心の整理をつけていきます。喪の作業は，支援者にみ
えないところで，遺族が自分なりに行っている場合が多いのですが，その重
要性を知らない遺族もいます。

　悲嘆反応が強い場合は，グリーフカウンセリングで喪の作業について話し
合うこともできます。それまでしたことのなかった喪の作業を行ってみると，
「思いのほか，涙が止まりませんでした」と話される場合がありますが，結果
的にそれが気持ちを前に進める手助けをしてくれることも少なくありません。

　喪の作業には，さまざまな形があります（表9-2）。本人が一番やりやすい，
またはやりたいと思うことを行うことが大切です。喪の作業は，あくまで
「能動的に行う」もので，他者から「するべき」と勧めるものではありませ
ん。グリーフカウンセリングの中で，亡き人の哀悼のために何ができそうか，
何をしてみたいかを話し合うとよいでしょう。

表9-2 喪の作業の例

・供養儀式への参加（葬儀や法要，追悼式，その他の宗教的儀式）
・お墓参り，仏壇に手を合わせる，故人のために花を飾る
・心の中で，あるいはお墓の前などで，故人に語りかける
・自分の思い，経験，故人との思い出を話す
・故人とゆかりのある人に会う
・手記や闘病記を書く
・遺族会に参加する
・遺族の書いた本などを読む
・日記を書く，俳句を作る
・故人の伝記や自分史を書く
・形見の品を大切にする
・思い出の地を訪ねる
・故人の遺志を受け継ぐ活動をする

（4）悲しんでばかりいる，あるいは悲しみから気持ちをそらしている時

　悲嘆のプロセスは，しばしば対処行動によって影響を受けます。そのため，悲嘆反応が非常に強い場合や，何かを避け続けている（回避行動）場合は，「悲しみで心がいっぱいの時や，自分の気持ちをコントロールできないと感じる時，どのように対処していますか？」「それをすると怖くなって，何か避けていることはありますか？」と尋ねてみます。

　回避行動としては，たとえば，「故人がよく着ていた服や愛用品を見ると涙が止まらなくなるので，いまはあまり見ないようにしている」といったように自分で状況をコントロールしているものもあれば，「事故現場に行くことができない」「気持ちが耐えきれなくなるので，故人の部屋に入れない」といったように，恐怖のために回避せざるをえなくなっているものもあります。月日が経つと徐々に緩和していくことも多いですが，長く継続すると，注意すべき症状となり，PTSDのアセスメントが必要な場合もあります（Eisma & Stroebe, 2021）。

　第2章で述べた「死別のコーピングの二重過程モデル」（Stroebe & Schut, 1999）をもとにアセスメントし，支援に応用することもできます。ほかのことがまったく手につかず嘆いている状態（喪失志向）と，自分の悲しみに触

れることを避け，たとえば仕事などに没頭している状態（回復志向）のどちらかに偏っている場合は，どちらのパターンが優位なのかを確認し，不足しがちな対処行動も含め，現実的にできそうな対処行動を一緒に考えていくという方法です。

喪失志向・回復志向以外にも，悲嘆の対処行動の性差に着目する見方もあります。男性は死別に対して知的な対応をし，問題解決型対処行動をとりやすい一方で，女性は共感や助け合い，感情表出で解決をはかろうとする感情焦点型対処行動をとりやすい傾向があるというものです（Lazarus & Folkman, 1984）。一般には，不足しがちな対処行動，つまり男性には他者との気持ちの共有や感情表出に，女性には現在起こっている問題解決に目を向けるように促すとよいといわれますが，最近は，性差としてみるよりも，その人に不足しがちな対処行動や考え方を補うことを勧めるのがよいといわれています。

この時，注意すべき点は，一方に対処行動が偏っていることがすべて問題になるわけではなく，その遺族が現在の生活に適応しており，本人も支障を感じていない時は，問題とならない場合もあるということです。対処行動とともに，日常生活にある程度，適応できているかどうかを評価することが大切です。たとえば，死別後，仕事にひたすら没頭する人がいますが，長い目でみると問題とならない場合もあります。通常の悲嘆であれば，対処行動や喪の作業は，その方自身のやり方に任せておいても，悲嘆反応は次第に軽減していくことがほとんどです。アルコールや薬物の依存など，明らかに避けるべき対処行動を行っている場合は別ですが，そうでない場合は，新しい生活への適応のプロセスを評価しながら，対処行動への支援が必要かどうかを判断していきます。

気持ちの動揺や希死念慮への対応

（1）緊張や気持ちの動揺が急激に高まった時

故人や故人の死に関する話の核心部分に触れると，遺族の緊張や気持ちの動揺が一気に高まることがあります。また，話をする中で，過呼吸や気の動

転，号泣などがみられる場合があります。

　泣き叫びなど激しい気持ちの動揺や，体が震えるほどの様子がみられた時は，まずは話をいったん止めて，一緒に深呼吸（呼吸法）を行います。呼吸法は，このような過度な反応が急激に出現した時にもすぐに実施できるため，すべての人が知っておくとよい方法です。

　ひどく泣いている場合は，話を止めてもらい，少し落ち着くまで待ちます。その時，状況によっては，背中や肩などに軽く手を当て，静かな口調で「大丈夫ですよ」と伝えてもよいでしょう。触れることは，「そばにいますよ」というサインです。少し落ち着いたら，「いったん，気持ちを落ち着かせるために，一緒に深呼吸してみましょう」と伝えます。そして，「鼻から息を吸って，口からゆっくり，長く吐いてください」と声をかけながら誘導し，「一緒に」深呼吸をします。大切なことは，呼吸への集中，そして呼気を長く吐くことです。息の乱れがおさまり，気持ちが落ち着くまで何度か繰り返しましょう。これだけでも十分，心の動揺をおさめる効果があります。

　その後は，無理にそれまでの話を続ける必要はありませんが，急にその場を終わってしまわないほうが，遺族が自分自身の気持ちをおさめやすくなる場合もあります。たとえば，「○○を思い出して，つらい思いがあふれたのですね」といったような言葉かけをしながら，その時間を振り返り，落ち着いて会話ができるようになるまで，少しずつ対話をしてもよいでしょう。どのようなやり方で行うにせよ，気持ちが動揺したままではなく，ある程度おさめてから，カウンセリングを終了することが大切です。帰宅後が心配な時や，気持ちのコントロールが難しそうな場合は，家でも呼吸法を繰り返し行うように伝えてください。また，必要に応じて，家に帰ってから気持ちが動揺した場合のほかの対処法や連絡先を伝えてもよいでしょう。

　呼吸法のやり方はさまざまありますが，心の状態や高ぶった神経系を平穏な状態に戻す第一選択のセルフケアツールといっても過言ではありません。支援者のセルフケアとしても，身につけておくと役立ちます。

表9-3　自殺の危機介入

危険度 低	希死念慮はあるが，具体的な計画はない	・本人の思いを受け止めながら「死んでほしくない」と伝える
危険度 中	希死念慮があり，その計画を立てているが，直ちに自殺するつもりはない	・「自殺はしない」と約束する ・必要に応じて専門家や相談機関に相談
危険度 高	自殺について，はっきりとした計画があり，その方法も手にしており，直ちに自殺する危険がある	・電話の場合は，いまいる場所，家族の連絡先を聞きとる ・家族や居住地の警察等に伝える

（2）希死念慮がある時

　遺族が「もう生きている意味がない」「あの人がいる天国に行きたい」といった言葉を口にすることがあります。「本当に自殺してしまうのではないか」と少しでも心配になった時は，迷わず危機介入を行う必要があります。また，言葉を口に出さなくても，明らかに抑うつ的で，表情がなく，思い詰めている様子である場合も同様です。

　そのような時に，まずすべきことは，本当に「死にたい」と思っているかどうかを，率直に聞くことです。あいまいな言葉を使わず，「死にたい，あるいは死んだほうがましだと思っていませんか？」とストレートに聞いてください。

　「死ぬことは考えていない」あるいは「あの人に会いたいと思うけれど，そんな勇気もない」「寂しいですけど，そんなことをしたら，あの人に叱られますから」といった返事であれば，つらい気持ちをしっかり受け止めたうえで，「それでも死にたいと本当に思うような時があったら，ひとりで抱え込まず，必ず連絡をください」とはっきりと言葉で伝えてください。

　もし本気で死にたいといった返事があれば，自殺する計画・手段・時期を決めているかどうかを確認します。基本的な危機介入の方法は表9-3の通りです。まず，「亡くなった人のためにも，死なないでください。死んではいけません」としっかりと言葉で伝え，自殺はしないと約束してください。また，このような場合は，うつ病のリスクも高く，支援者自身もひとりで抱え込まないことが大切です。逼迫した状態であると感じた場合は，すぐにメン

タルヘルスの専門家，あるいは地域の相談窓口（精神保健福祉センターや保健所など）に相談してください。継続的に遺族とかかわる支援者は，このような場合に備えて，相談できる専門家とつながっておくとよいと思います。

＊　＊　＊

〔夫が自殺したケースの危機介入〕

　行政機関で働くトモコさんは，自死遺族の電話相談の相談員を務めていた。ある日，震える声で「主人が1週間前に亡くなりまして，自殺だったんです……」と，一本の電話が入った。

　トモコさん　大変な中，よくお電話をかけてくださいましたね。お名前をお聞きしてもよろしいですか？
　ユミさん　（声を詰まらせながら）〇〇ユミといいます。
　トモコさん　ユミさんですね。ゆっくりと，話せる範囲でかまいませんので，こちらに電話してお話ししたいと思われていたことを，お聞かせいただけますか？

　聞くと，ユミさんと夫は60代の夫婦で，子どもはおらず，ずっと二人暮らしだったという。夫は，3年前に定年後，信頼していた弟をある事件で突然亡くすというショックな出来事があり，それを機に落ち込むことが増え，うつ病で通院していた。また，ユミさんも更年期に心身のバランスを崩し，それ以来，ずっと心療内科に通院している。1週間前，夫が自宅マンションの自室で倒れているのをユミさんが発見し，救急車を呼んだが，すでに夫は亡くなっていた。縊死だった。ユミさんがとても取り乱していたので，遠くに住むユミさんの妹が駆けつけてくれ，葬儀の段どりなどを行ってくれた。ただ，葬儀が終わったので，ユミさんの妹も仕事のため，2日後には地元に帰らなくてはいけないとのことだった。

トモコさん　この間，本当に大変な状況だったのですね。いまはご自宅ですか？

　　ユミさん　葬儀までは，葬儀社の会館に寝泊まりしていたのですが，葬儀が終わったので，自宅に戻ってきました。いま，妹は役所に手続きに行ってくれているのですが，ひとりで家にいると，自分がどうにかなりそうで……。夫の部屋のドアを見るのも怖くて……。

　　トモコさん　そうでしたか。自宅にひとりでいるのは，耐えがたい感じがするのですね？

　　ユミさん　はい。どうしていいのか……。

　　トモコさん　時間が経てば，少しずつその感じが和らぐ場合もあります。ただ，いまはまだご主人を亡くされて間もないですので，自宅にひとりでいるのは，本当におつらそうですね。たとえば，しばらく妹さんの家や，あるいは，友人の方でもかまいませんが，どこか身を寄せられそうなところはありませんか？

　　ユミさん　……考えてもみなかったので……。一度，妹とも相談してみますが，仕事もあるし，子どももいるので難しいように思います。友人も……すぐには思い浮かびません。

　　トモコさん　妹さんが帰ってこられたら，私からその必要性を伝えてみますので，こちらにお電話していただくよう，妹さんに伝えていただけますか？　難しくても，妹さんにその状況を伝えておくほうがよいように思います。

　　ユミさん　わかりました。電話するよう伝えてみます。どうぞよろしくお願いします。

　遺族の支援者は，状況が危機的かどうか，切迫しているかどうかの判断を行い，危機介入が必要な場合には，迅速に動くことが重要です。ユミさんの場合，まずはこの後の安全な居場所を確保することが大切です。キーパーソンは妹さんですので，状況をよく理解していただけるように働きかけます。加えて，できるだけ近くにいる頼れる人を聞き取り，妹さんとその方が

連絡を取り合えるようにするなど，周囲のサポートを強化する方法を考えます。また，すでに心療内科の通院歴もある方なので，症状の変化にも注意し，場合によっては，かかりつけの心療内科の医師と連絡を取り，相談することも考慮します。

コラム⑪

虐待を受けていた相手が亡くなった場合など，もともとの愛着関係が不安定なケースでは，どのような支援が考えられるでしょうか？

　良好な愛着関係の中で育ち，愛着スタイルに問題がない場合，一般に，その人は故人以外にも良好な人間関係・ネットワークをもっています。つらい時に信頼できる人のそばにいたいという気持ちも自然に湧き，通常の悲嘆の経過をとりやすいといわれています（Leick & Davidsen-Nielsen, 1991）。一方，愛着関係に不安定さがある遺族では，語りの中で，故人との複雑な関係性や，了解し難い故人への思いが出てくる場合があります。また，そのような人は，もともとの社会的ネットワークも少なく，孤立しやすい場合が多いようです。愛着に不安定さが疑われる時は，依存関係，葛藤関係，愛憎関係などの「故人との関係性」と，成育環境，発達障害，虐待経験などの「幼少期の愛着スタイルに影響を与えた要因」の二つの側面からアセスメントします。

　虐待していた親が亡くなった時，その子どもにどう伝えるのがよいか，という質問を受けることがあります。信頼できる人から，事実として親の死を伝えることはよいと思いますが，その時の子どもの反応はさまざまです。子どもの年齢や，その子どもが死をどの程度理解できるかにもよりますが，無関心で何の反応もなかったり，号泣したりと，いろいろな表出があるでしょう。大切なことは，子どもの反応ではなく，そのような反応を示した時の周囲の大人の対応です。どんな表出であっても，子どもの気持ちやニーズが尊重されるよう留意してください。子どもの声によく耳を傾けたうえで，その子がその後，親のことを知りたい・語

りたいと思った時に，いつでも相談に乗れることを伝えておきます。死を伝えたからといって，その時点で，親との内的な関係性や親に対する思いを掘り下げたり，修復したりする必要はありません。複雑な関係だからこそ，それを扱うには，子どもの成長と，扱うタイミングを考慮する必要があります。葬儀に参列するかどうかは，子どもの意向を聞き，無理に喪の作業を強いることは控えてください。まずは，現在の生活の中で信頼できる人との愛着形成を大切にし，その子どもが生きていく力を育むことが優先されます。

第10章

一歩進んだ介入方法

　本章では，心理的な苦痛が強い遺族に対する一歩進んだ介入方法をいくつか紹介します。ここには，グリーフセラピーでも使われる，さらに踏み込んだ手法が含まれています。これまでの生き方や人生，家族の歴史などに対して，遺族自身が深く内省する機会になったり，強い苦痛を伴うこともありますので，実施する場合は，必要に応じて，コンサルテーションやスーパーヴィジョンを受ける機会をもつとよいでしょう。前章でも述べましたが，カウンセリング中に非常に強い感情が表出されても，終了時には，その感情をある程度おさめ，帰宅後にセルフケアができるよう遺族を支援する力を身につけておくことが大切です。

　心理的苦痛の強い遺族の悲嘆過程に寄り添うために，支援者に求められるいくつかの力があります。たとえば，目の前の現実をありのまま見て，その場にとどまれる力，どんなに非情で過酷な死別でも，遺族の状況や表出される感情を少し距離を置いて観察する力，どのような悲嘆反応や訴えに対しても，温かく落ち着いた態度で受け止める力，支援者自身も支援を通して自分が受ける影響を自覚し，みずから心の安寧を取り戻せる力，などです。

　また，死別や悲嘆に関する深い内容を扱う場合は，あなたと遺族とのラポール（信頼関係）が何より大切です。喪失体験を語るのは簡単でないこと，語ることには恐れを伴うことを理解しておき，遺族に対応するための基本的な傾聴と支援のスキルをもつことが前提となります。そして，一緒にワークを行う場合は，開始する前に遺族への十分な説明と同意が必要です。

　どんなに過酷な死別を経験した人にも，必ずレジリエンスはあります。長く遺族支援を行っていくと，どんな遺族もレジリエンスを備えているのだと

いうことがよくわかってきます。私たち支援者も，苦しみを抱えながらも人生を生き抜く強さと奥深さを，支援を通して改めて学ぶのです。

喪失体験を整理する —— 喪失を書き出す，喪失曲線など

　心理的な苦痛が強い遺族は，死別そのものだけでなく，そのほかにも多くの喪失を抱えている場合が少なくありません。たとえば，「夫が亡くなったため，それまで夫婦で暮らしていた家を離れて，息子夫婦と同居することになった」といった場合，その人は夫だけでなく，住み慣れた家も，それまでの日常生活も，近隣の人とのつながりも，家の中での妻としての役割も，複合的に喪失しています。本人に尋ねれば，喪失したものがもっとたくさん出てくるかもしれません。心理的な苦痛の原因は死別だけとは限らず，目に見えるものから見えないものまで，その人の人生を彩っていた大切なものを，いくつも喪失している場合が多いのです。

　喪失への対処は，まず状況を理解し，自己を理解することから始まります。経験した喪失を語る中で，自然に理解が進む時もありますが，複数の喪失があったり，苦しみの原因が同定できない時は，喪失体験を一緒に整理するとよい場合があります。

　まず，今回の死別に関連して，起きた喪失をすべて教えてほしいと伝えます。小さい喪失から大きい喪失まで，目に見える喪失から目に見えない喪失まで，遺族と一緒に一つずつ，紙に箇条書きにしていきましょう。全部書き出したら，いまの自分に一番影響を与えている喪失，一番心にひっかかって，どうにかしたいと思っている喪失はどれかを尋ねてください。一つではなく複数ある場合は，順位をつけてもらいます。それだけでも，自分が経験した喪失体験の理解が進みます。

　すべて書き出したら，大きな影響を与えている喪失について，「もう少し詳しく聞かせていただけますか？」と具体的に話してもらうこともできますし，その体験が人生に及ぼした影響や意味について話し合うこともできます。また，解決できていない喪失に関しては，現時点で，それに対処するすべが

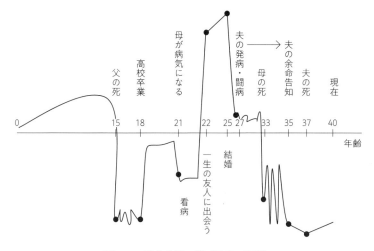

図10-1　喪失曲線の例（架空の事例）

あるかどうかを話し合うこともできるでしょう。たとえば，死の原因に納得のいかない点が残っている場合は，何らかの方法で正確な情報を得ることができないかについて，話し合ってみることができるかもしれません。

　人生をさかのぼって，幼少期から一つずつ喪失体験を書き出すやり方として，141頁で紹介した石のワークや，次に述べる「喪失曲線（Loss Line）」を使う方法もあります。

　喪失曲線は，海外ではしばしば喪失のワークとして行われているもので，自分自身のこれまでの悲しみの軌跡（悲嘆過程）を図式化し，その悲しみにどのように対処したかを振り返るものです。筆者（瀬藤）は日本で開催された悲嘆のワークショップで，アメリカのドナ・シャーマン先生から教わりました。日本においても，災害後の「復興曲線」といわれるような，心の軌跡を描く同様のワークがあります。

　手順としては，図10-1のように，まず横軸に，人生の中であった喪失体験を書き出してもらいます。そして，縦軸に，自分の心の状態を点でプロットしていき，さらにそれらの点を結んで，曲線にしていきます。この時，横軸を基線として，上がポジティブ・ハッピーな心の状態，下はネガティブ・

アンハッピーな心の状態を表しています。曲線を書き込んだら，最後に，その時に自分が行った喪の作業や対処方法を，空白に書き込んでもらってもよいでしょう。自分が体験した喪失と心の状態を整理することで，これまでの自分の人生を俯瞰して振り返ることができます。

　書き込んだ後，喪失体験について一つずつ語ってもらうこともできます。いくつもある喪失体験の中で，どの喪失で最も悲しんでいるのか，人生に最も影響を与えた喪失体験はどれかを同定したり，遺族が取り組むべき喪失と介入すべき点をアセスメントしたりしやすくなります。

　また，喪失曲線を使って，それぞれの喪失体験の後，つらい時期に自分にとって何が役立ち，何が役立たなかったのかを一緒に整理することができます。たとえば，何が役立ったかについて尋ねると，「黙って話を聞いてくれた人」「悲しい時にそばにいてくれた人」以外にも，「思い出」「自然とのつながり」「同じ体験をした人との出会い」など，さまざまな答えが返ってきます。それが適切なやり方であったかどうかの判断や助言は必要ありません。一緒に整理するだけでも，それぞれの喪失体験の意味を考えたり，自分に合った悲しみの対処法を見出すきっかけになるのです。

　「人生は悲しみばかりだった」と話す方もいます。その場合は，遺族の言葉を十分に受け止めたうえで，そのような中でもこれまで懸命に生きてきたことに，敬意とねぎらいの言葉をかけてください。「人生は悲しみばかりだった」と伝えられたことに，意味があるのです。

　このようなワークは，遺族自身がやってみたいと思われた時に行うとよいものですが，次回にお会いするまでの宿題として喪失曲線を書いてきてもらい，次の回にそれについて話し合うこともできます。

「家族の悲嘆」を扱う —— ジェノグラムの活用など

　死別は，家族成員の誰かがいなくなることで，家族同士の関係性や役割，力動や結束の強さなどにも大きな変化を及ぼします。死別後の遺族のレジリエンスは，家族機能から大きな影響を受けますし，家族の誰かの悲嘆が複

雑化するプロセスには，家族の悲嘆（family grief）（41頁参照）が深く関係すると考えられています（Kissane & Bloch, 2002）。筆者は，東日本大震災以降，行方不明者家族の支援を家族療法の専門家であるポーリン・ボス先生から学び，その後，そのようなあいまいな喪失（32頁参照）を抱える家族の支援を行ってきました。ボスは遺族と行方不明者家族の支援は分けて考えますが，遺族に対しても，ボスの提唱する家族療法の考え方は非常に有用です。たとえば，ジェノグラムを活用し，悲しみを抱える個人だけに焦点を当てるのではなく，家族やコミュニティなど，個人を取り巻くより大きなシステムに目を向けることで，支援の手がかりを多く得ることができます（石井・瀬藤, 2021）。

　ボスの介入方法では，喪失を抱える家族に対して，喪失の前後でそれぞれジェノグラムを書いていきます。遺族から聞いた内容を後でジェノグラムに起こすこともできますが，遺族の話を聞きながら，一緒に書くこともあります。ジェノグラムを書くことで，それぞれの家族成員の死別前後の状況，役割や関係性の変化などが，一目瞭然で確認できます。

〔ジェノグラムを活用した事例〕

　図10-2は，母親が突然の事故で亡くなった家族の，事故前（死別前）のジェノグラムである。もともとは4人家族で，父親は仕事が忙しく，家のことをほとんど母親に任せていたという。母親は，子どもの面倒をよくみて，とくに長男のB君は母親っ子であったため，関係の深さを示す二重線が引かれている。

　図10-3は，事故後（死別後）のジェノグラムである。父親には家事と子育ての役割が加わり，家事は，長女のAちゃんも手伝うようになった。一方のB君は，母親の死後，学校で乱暴な言動が目立つようになり，父親は，家でのB君の態度も含めて，B君を叱ることが増えている。また，AちゃんとB君の口喧嘩も増え，B君は次第に家の中で誰とも話さなくなっていった。ギザギザの線は，葛藤関係を表している。

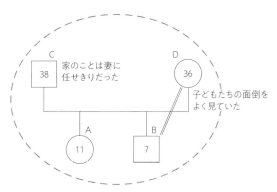

図10-2　ある家族のジェノグラム（母親が亡くなる前）

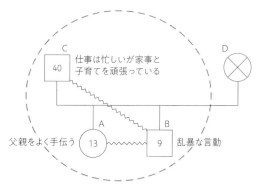

図10-3　ある家族のジェノグラム（母親の死から2年後）

　このように，ジェノグラムを書くと，母親の死の前後で，家族の関係性やそれぞれの役割が大きく変化したことが一目瞭然にわかります。また，Aちゃんは「いい子」，B君は「問題児」と見られがちですが，家族の力動が大きく変わっていることを認識し，B君の行動を，父親や周囲の人たちがグリーフの視点で捉え直してみることが大切です。

　現実の生活では，異性の親が，これから思春期に入るAちゃんを養育する時に生じる難しさも考慮する必要があります。また，AちゃんもB君も思春期という多感で環境の変化が多い年代に入り，子どもたちのグリーフも成長とともに変化していきます。その時々に，母親のことをいつでも家族内で話せるように，母親のために家族で何かできそうなことがないか，いまから

考えてもよいかもしれません。たとえば，母親が好きだった花や木を家族で育てたり，以前に母親と一緒に行った旅行先にまた3人で行ってみたりなど，子どもたちの希望や意見も聞いてみましょう。

また，もしかすると，いずれ父親が再婚するかもしれません。その時は，もう一枚，再婚後のジェノグラムを書き，それぞれの状況や関係性の変化などを確認して，新しい家族の形や，亡き母親をどう位置づけていくかなどを話し合うこともできます。

強い怒りや罪責感への対応——感情の明確化，故人への手紙など

悲嘆反応の中でも，強い怒りや罪責感はいずれも高い頻度で出現し，死別後の心理的苦痛と強固に結びつきやすい感情です。時には遺族の生活や人間関係を脅かすほど厄介なため，それに対する介入が必要な場合があります（92〜93頁参照）。

怒りと罪責感は，強い負のエネルギーが外に向かうか，内に向かうかの違いで，本質的には同じものと考えられます。両者の背景には，未来を奪われた絶望感や，取り返しがつかない状況に対する悲痛な思いが潜んでいます。元には戻せないことを頭で知りながら，「あの時……すればよかった」「あの人が……してくれれば，こんなことは起こらなかった」「神は無慈悲すぎる」などと，自分や他者を責めたり，神や運命を恨んだりすることで，諦めきれない感情と格闘しているのです。その意味では，怒りも罪責感も，喪失に対する自然な感情です。

支援においては，その感情はもっともな感情であることを繰り返しノーマライズ[※1]し，言葉にして表出することの大切さを伝えていきます。強い怒りがある時期は，自分で合理化したり，心をそらしたりすることが難しい場合が多いので，支援では，むしろその人の「苦痛」や「悲しみ」に焦点を当て，傾聴し，支持することが重要です（瀬藤・丸山，2007）。怒りの原因そのもの

※1　ノーマライズとは，自然なこと，正常なことととらえることをいいます。怒りや罪責感はこうした状況では自然な感情であることを遺族に何度も繰り返し伝えていきます。

を扱わないといけないこともありますが，向けられている方向が必ずしも原因と一致しない場合には，遺族自身の恐れや不安，やりきれなさから生じていることもあります。そのことを遺族に伝えたり，話し合ったりすることで，遺族がそれに気づくことができると，自分の感情に対処しやすくなります（Rando, 1984）。

一方，故人に対する強い怒りや罪責感を抑えすぎていたり，混在した感情のために，何に苦しんでいるのかもわからず抑うつ的になっている遺族もいます。たとえば，認知症の家族を失った場合，悲しい，寂しいといった感情と同時に，生前の言動に対する強い怒り，亡くなってほっとした気持ち，それに対する罪責感など，複雑な感情が潜んでいることが少なくありません。自殺の場合も同様に，自分を見捨てていった故人への強い怒りと同時に，救うことのできなかった罪責感にも，強い苦痛を感じていることがあります。そのような場合は，カウンセリングの中で，「それは生前の**怒り**と，亡くなられた後の**罪悪感**の両方が，気持ちをつらくさせているのですね」といったように，遺族の感情に明確な名前をつけて返す方法があります。遺族の感情にラベルをつけることで，自分の内にあるさまざまな感情に気づきやすくなるのです。

また，「故人に手紙を書く」ことは，このような死別後の強い感情を処理する一つの方法として，古くからグリーフカウンセリングの中で使われてきました。多くの場合，手紙を書く行為は泣きながら行う作業になりますが，とくに故人への思いに苦しんできた遺族にとっては，その人への思いや感情を自覚し，向き合うきっかけとなる強烈な体験となります。状況が許せば，故人への手紙を書くことを宿題にして，次にお会いした時に，書いた手紙を読んでもらったり，故人の仏壇やお墓の前で読むように勧めたりすることもあります（96頁参照）。故人に心から詫び，そして感謝の気持ちを伝えることで，自分自身を赦し，自分の気持ちと和解するきっかけになる例も少なくありません。そのような体験を分かち合うことで，あなた自身も遺族のことをより理解することができるでしょう。

死の現実感がない場合の対応

　お骨になる前に遺体と対面しておくことは，遺族にとって特別な意味があるといわれていますが，死別の状況によっては，故人が亡くなったという現実感がない場合があります。たとえば，遺体がひどく損傷・腐敗しており，最期に対面できなかった場合，あるいは，近年の新型コロナウイルス感染症のように，容態が悪くなってから一度も面会が許されず，触れることも面会もできないまま遺骨となって戻ってきたような場合です。

　このような状況では，第2章で解説したウォーデン（Worden, 2018）の「喪の過程における四つの課題」の第一の課題「喪失の現実を受け入れる」ことがしばしば困難になります。とくに悲嘆過程の初期でこの課題につまずくと，喪失の現実を認められず，悲しむことも，悲しみに対処することも難しくなり，遺族が危機的状態に陥ることがあります（Leick & Davidsen-Nielsen, 1991）。たとえば，涙が出ても，何を悲しんでいるのか自分でもわからず，混乱した状態が続くのです。

　このような場合は，「喪失の現実」に焦点を当てた支援を行います。たとえば，「（故人が）いなくなった」ではなく，「**亡くなった**」「**死んでしまった**」といった明確に死に関連する言葉をあなたが用いることで，遺族の認知に働きかけることができます。また，故人が亡くなるまでの経緯，亡くなった時，あるいはそれを知らされた時の状況，その直後のことを，その人の言葉で何度も繰り返し言語化してもらうことも，現実を受け入れる方法の一つです。

　ただし，このような現実の喪失を捉え直す作業を行う時には，非常に強い心理的苦痛を伴うものです。グリーフカウンセリングでこのような話題を扱う場合は，あらかじめ遺族の了解をとったうえで，呼吸法などセルフケアの方法を指導し，時間や枠を守って実施してください。また，スーパーヴィジョンを受けたり，継続的なフォローの体制を整えておくことも重要な場合があります。

死のイメージに取りつかれている場合

　殺人や暴力事件，自死，事故，災害などに代表される非業の死，暴力的な死では，心理的苦痛が著しいだけでなく，死にまつわるさまざまな「空想」や「そのイメージへのとりつかれ」が長く続くことがしばしばあります。たとえ死の瞬間にその場にいなくても，死に際の故人の様子やその時の状況が，空想として心の中で繰り返し再現され続け，そのたびに強い無力感と苦痛が生じ，時間が経過しても，気持ちが和らぐどころか，完全に心が打ちのめされた状態になる場合があります。また，非業の死の状況では，遺族は孤立しがちになりますので，外傷的な死別に詳しい専門家の支援や介入が助けになります。

　このような場合，故人と離れ離れになったという苦痛（分離の苦痛）だけでなく，トラウマによる強い苦痛（心的外傷性の苦痛）が生じていますので，その苦痛に強固に結びつく空想やイメージを取り上げ，それを少しずつ変えていくという方法があります。

　ライナソン（Rynearson, 2001）は，一般的な悲嘆療法や，PTSDの治療として行われる曝露療法[※2]ではなく，独自の「修復的語り直し（Restorative Retelling）」を勧めています。その中核となる語り直しでは，遺族に，いつも心の中に再現されている空想のイメージを自分なりに修正して語ったり，絵に描いたりしてもらいます。「あなたがもしその場にいたら，どうしたかったのですか？」「あなたが助けた愛する人は，あなたがその場にいたら，あなたに何と話しかけるでしょうか？」といった質問を投げかけながら，遺族・故人・支援者の3人の共同作業で，一緒に物語を創造的に修復していくのです。そのような語り直しを繰り返すことで，無力感で圧倒されている状態から，その人のレジリエンスを立て直していきます。ここでの故人との対話は，現実にはない想像上の対話ですが，このような対話が故人との内的関

　※2　曝露療法とは，PTSDの原因となったトラウマ場面を想起してもらい，その時の体験を繰り返し語ることで，馴化（刺激への反応に慣れること）を促す治療技法をいいます。曝露療法では，現実に起こった場面を取り上げます。

係性を変えるきっかけになる場合があります。

　ここでの私たちの役割は，生前の記憶や愛する故人の力も借りながら，とりつかれている死のイメージが少しずつ変わるように方向づけすることです。ライナソン（Rynearson, 2001）は，そのプロセスが遺族の心理的苦痛や絶望感を軽減し，最終的に遺族が生きていく新しい意味を見つけることにつながると述べています。

慈悲の瞑想・祈りの瞑想

　「心をこめて，いま，ここの自分に集中すること」を意味するマインドフルネス瞑想は，仏教に馴染みのある日本人には比較的受け入れられやすく，遺族の支援にも用いることができます。国内外で複数の研究者がマインドフルネスのプログラムを開発・実践しており，また，東洋の伝承的な方法も含めると，瞑想法にはさまざまなやり方があります。筆者は韓国で学び，「慈悲の瞑想」や「祈りの瞑想」といわれている方法を，遺族に対しても応用して用いることがあります。個別にも行えますが，災害後の被災者や現地の支援者など，大きな喪失を体験した集団に対しても実施可能です（瀬藤・坂口・丸山, 2020）。

　やり方としては，死別の悲しみに伴うさまざまな感情や考えを横に置き，ただひたすら故人のことを思って祈る，そして心の中で故人に語りかける，という二つのことを，支援者とともに心をこめて行います。「いま，ここに集中し，切実に祈ること」がベースとなりますが，この時，筆者が用いる韓国の瞑想法では音楽をかけながら行います。

　「慈悲の瞑想」では，故人のことを思いながら，「ありがとうございます。愛しています」という二つの言葉を，一緒に言葉に出して，何度も繰り返し唱えます。その後の「祈りの瞑想」では，二つの言葉を唱えるのを止めて，心の中で故人を思い浮かべ，自分の言葉で，故人に伝えたいことを語りかけてもらいます。人によっては，164頁で紹介した「故人への手紙」と同じくらい，強力で意味深い体験となります。ウォーデンの四つの課題のうち，第

二の課題や第四の課題に取り組む助けになる場合が多いと感じます。

　遺族が日常的に故人と心の中で対話ができるようになると，心理的な苦痛は少しずつ和らいできます。自然に対話できるようになる場合もありますが，特別な空間や設定の中で，故人への語りかけを行うことが，故人とのつながりを強く感じ，遺族の気持ちを大きく前に進める転機となったり，つらい気持ちに一つの区切りをつける儀式的な役割を担ったりする場合があります。

　東日本大震災の時，岩手県大槌町にある「風の電話」に，多くの遺族が訪れました。電話線のつながっていない電話ボックスに，遺族がひとりで入り，故人に電話するのです（瀬藤, 2021b；Setou, 2021）。喪失後の深い悲しみは，亡くした人への愛情の深さです。褪せることのない故人への思いや愛情を表現するこのような場が，遺族の大きな助けになることが少なくありません。

コラム⑫
PTSDの併存が疑われる時，
どのように対応すればよいですか？

　死別後に，いわゆるPTSDの三大徴候である再体験，回避・麻痺，過覚醒の症状が強く出ている場合は，そのアセスメントが必要です。PTSD診断の正式な構造化面接の方法もありますが，そのような構造化面接を行うことが難しい場合は，まずは，いくつかトラウマ反応の例を挙げながら，そのような症状があるかどうかを，直接，遺族に尋ねてみてください。第3章（54〜56頁）を参考に，図や表を使いながら，症状や継続期間，日常生活への影響などを確認することもできるかもしれません。死別後，ある程度の時間が経過しており，明らかにPTSDが疑われる場合は，悲嘆やトラウマに詳しい専門家に相談し，PTSDの診断が可能な信頼できる医療機関などに相談することを勧めるほうがよいでしょう。とくに，解離や顕著な回避など，日常生活にも支障が出るほどのPTSD症状がみられる場合は，トラウマの専門家による治療が必要となります。PTSDが疑われる遺族では，複雑性悲嘆の併存も考えられますので，より慎重な対応が求められます。

　トラウマ反応が強い遺族では，静かな場所や暗い場所が怖い，寝る時も怖くて電気が消せない，救急車のサイレンや時計などのアラーム音に驚愕するなど，恐怖をベースとした症状が顕著にみられます。反応を引き起こす引き金（trigger）には，視覚や聴覚，嗅覚や触覚などの幅広い刺激が含まれ，それらが回避行動と結びつき，回避が固定化している場合が少なくありません。

専門家に紹介する前に支援できることとして，トラウマ反応への具体的な対処法，たとえば呼吸法，アロマなどのリラックスできる方法を話し合い，励行するよう伝えます。トラウマに関する情報提供を行うことも有用です。最近では，トラウマケアに関する一般向けのわかりやすい本も出ています（飛鳥井, 2007；白川, 2016）。また，不安や恐怖を紛らわすために，アルコールやたばこ，カフェインや薬物などを過剰摂取しないように伝えておきましょう。周囲の人からのサポートが得られるように環境調整することも重要です。

コラム ⑬
気をつけなくてはいけない
病的な悲嘆反応はありますか？

　繰り返しになりますが，悲嘆反応の多くは正常なものです。人によってさまざまな悲嘆反応がありますが，通常は，その程度と持続期間によって，専門家の介入の必要性を判断します（第3章参照）。

　死別後，たしかに強烈な悲嘆反応が出ることもあります。たとえば，子どもを亡くした場合，親が憔悴しきって別人のような風貌になったり，夜中に亡くした子どもを探し回ったり，骨壺の遺骨を口に入れたい衝動にかられたり，といったことも実際に起こりえます。また，長年連れ添った配偶者を亡くした高齢者が，死別後に急激に認知機能が低下し，あたかも認知症のような状態になることもあります。ただし，死別後の経過をみていくと，悲嘆反応は，たとえ死別初期に強烈な反応が出ていても，大半は減弱していきますので，すぐに病的と決めつけず，周囲の人が協力してその遺族を支え，経過を見守ることが大切です。

また，死別後は，高い頻度で遺族が故人を美化したり，過度に理想化する（Worden, 2018）ことも知られていますが，反対に，生前に過酷な介護期間があったり，故人と複雑な関係であった場合は，「死んでほっとした」と漏らされることもあります。一般に，死別後に安堵感をもつことは不謹慎と思われがちですが，実際は，安堵して当然の状況も少なくないことを支援者がもっと認識する必要があります（Hedtke & Winslade, 2004）。死別後，ある時点で故人に対して抱いていた強い感情が，やがて違う感情に変わったりもします。したがって，その人のレジリエンスを妨げ続けるものでなければ，多くの感情は，あえて支援の中で特別に取り上げる必要はなく，遺族の語りに丁寧に耳を傾けるだけでよいのです。

第 IV 部

支援者のケア

第 11 章

支 援 者 の 感 情 と ケ ア

　ここまで，多くの章を割いて，家族や遺族へのグリーフケアやグリーフカウンセリングについて述べてきました。たびたび触れてきたことですが，そのようなケアを行う支援者にも，さまざまな感情や葛藤が生じます。ですから，支援者もケアを受けていいのです。ランド（Rando, 2000）も，予期悲嘆の定義をする中で，医療者にも予期悲嘆があると述べています。本章では，家族や遺族を支援する人たちのケアについて述べます。

共感疲労とバーンアウト

　共感疲労は，ジョインソン（Joinson, 1992）により看護師にみられる現象として初めて報告され，フィグリー（Figley, 1995）が発展させた概念です。共感疲労とは，クライエントに共感し，援助しようとしている支援者に生じる独特の心理的疲弊です。支援者は，困ったり苦しんだりしている人を目の当たりにすると，「何とかしてあげたい」「どうにかしなければ」という思いに駆られます。しかし，どれだけ手を尽くしても「どうすることもできない」場合は多々あり，無力感や罪悪感が生じます。これは災害現場や医療現場だけでなく，遺族の支援の現場でも，よくみられることです。

　バーンアウトは医療従事者が燃え尽きていく状態として，フロイデンバーガー（Freudenberger, 1974）によって初めて紹介されました。燃え尽き症候群ともいわれ，極度の心身の疲労と感情の枯渇を主とする症候群です。対人援助を行う人が長期にわたってストレスを受ける中で，精神的に疲弊し，仕事に対する意欲や関心を失った状態のことをいいます。マスラ

ックら（Maslach & Jackson, 1981）によって作成されたバーンアウトの質問紙（Maslach Burnout Inventory: MBI）は，「情緒的消耗感」「脱人格化」「個人的達成感」の三つのサブカテゴリーから構成され，看護師などを対象としたバーンアウト研究が行われています（久保・田尾, 1994）。

自身の感情を切り捨ててきた支援者

　筆者（広瀬）らが運営する遺族のサポートグループに研修で参加した医療従事者の多くが，「涙が出そうになって困った」と話します。医療従事者たちは，専門家である自分たちは感情を表に出してはいけないと思い込んできたのです。

（1）支援者は相手から注ぎ込まれる感情の容器になる

　家族や遺族は，支援者にさまざまな感情を注ぎ込んできます。そのような感情には，家族自身がもちこたえることのできない感情や，まだ意識していない感情も含まれます。

　土居（1992）は，「面接者が感じている不快な感情は，実は被面接者が内心深く感じているものの反映であると考えられる節が存する」ため，「面接者は自分の心境によって逆に相手の心中を推測することができる」と述べています。またケースメント（Casement, 1985）は，患者から投影された感情に気づき，触れることができるようになることを，「相互交流性コミュニケーションとしての投影同一化」と呼んでいます。それは患者自身が取り扱えないと体験しているいろいろな感情状態と関係しています。対話を通して自分の中に生じてきた感情に気づくことが，相手から注ぎ込まれた感情に気づく手がかりになるのです。

　もちろん，自分の中に生じた感情のすべてが相手の感情ではありません。私たちは空っぽではないからです。傷ついている人と対話する中で，自分の過去の喪失体験や傷つき体験が蘇るかもしれません。現在抱えている問題が揺さぶられることもあります。吉良（2010）も，「セラピストも個人として

の生活と歴史を背後にもつひとつの人格であるので，クライエントから持ち込まれるメッセージがそのまま，純粋な波紋となって広がっていくわけではない」と述べています。自分に生じた感情に気づくことは，抑え込んできた自分の気持ちを理解する手がかりにもなるのです。

　遺族のサポートグループを見学した多くの医療者が，その感想として個人的な喪失体験を語ります。語りながら涙する人もいます。遺族の感情が注ぎ込まれたことで，自身の心の奥にしまわれていた過去の喪失体験が揺さぶられたのです。

（2）感情労働

　感情労働は，社会学者のホックシールド（Hochschild, 1983）が提唱した概念です。ホックシールドは，客室乗務員の仕事の分析から感情労働の研究を行いましたが，その後，感情労働は看護の分野で盛んに研究されるようになりました（Smith, 1992；武井, 2001）。感情労働とは，感情がその大きな要素になっている労働で，適切あるいは不適切な感情経験や感情表出が規定されており，自分の感情を管理することによって，クライエントの感情を好ましい状態に導くことが職務とされるものです。看護師やソーシャルワーカー，接客業など，対人サービスの職種がこれに該当します。

　たとえば看護師などの医療職には，暗黙のルールも含めて，「患者さんにはどんな時も優しく」「患者さんに怒りを感じてはいけない」などの感情ルールがあります。このルールに沿って自分の感情をコントロールすることを感情ワークと呼び，感情表現をコントロールする表層演技と，感情体験をもコントロールする深層演技があります。表層演技は，心の中では「嫌だな」と思っていても顔には出さず，笑顔で対応するような場合です。自分の本当の気持ちはわかっていますが，それを表面に出さないことです。一方，深層演技は，相手の言動で傷ついているのに，「私は大丈夫。プロだから全然平気」と，自分にも自分の感情を偽ってしまうことです。

　多くの医療職は，亡くなった患者の家族が嘆き悲しむ姿を目の当たりにして苦しくなっても，すぐその後に，別の患者のケアを行わなければなりませ

ん。家族に罵倒され，その怒りがおさまるのをただじっと我慢するしかないこともあるでしょう。けれども，自分の本当の感情に蓋をしてしまって感じないようにすると，患者の気持ちを理解する妨げにもなります。なぜなら，患者はさまざまな感情を支援者に注ぎ込んできて，その時の自分の感情に気づくことが患者理解することにつながるからです。では，どうしたらいいのでしょうか。

　感情を切り捨てたり，押し殺したりするのではなく，"置いておく"というイメージをもつことをお勧めします。置くだけで心許なければ，"綺麗な箱に入れて置いておく"というイメージでもいいでしょう。休憩時間や仕事が終わった後，お風呂に入っている時や寝る前などに，置いておいた感情を優しく取り出して，「あの時，本当は怖かったんだよね。よく頑張ったね」と，自分の感情を大切に認めてあげ，できれば誰かに聴いてもらってください。

感情を大切にするための方法

（1）一致

　一致とはロジャーズが提唱したもので，その瞬間に自分の中に流れる感情や態度に開かれていることを意味します（Rogers, 1962；村山, 2015）。筆者は，これを二つのステップに分けてみました。

　ステップ1では，いま，ここでの自身の身体感覚や感情に気づき，自分自身を受容します。相手に対するネガティブな感情も含めて，自分の感情を認めてあげるのです。いつも相手を受け止めたり理解できたりするわけではなく，理解できない自分を受容することが大切です。感情には良いも悪いもありません。すべてが自分にとって大切な感情です。

　ステップ2では，必要な時に，この気持ちを言葉で表現してみます。相手にレッテルを貼るような"You are～"ではなく，自分が感じていることを伝える"I feel～"で表現することが大切です。感情的になることと感情を大切にすることとは異なるからです。

自分の気持ちを表現できない場面や，自分の気持ちを感じることが難しい場面もあります。そういう時は後でもいいので，"I feel〜"と，自分の中で自分の感情を大切にしてください。

　成田（2005）は，「患者の理不尽な攻撃にさらされて，治療者が患者のいうことがもう一つわからずあせりや無力感を感じる時は，実は患者も内心あせりや無力感を体験しているものである。治療者が率直に自分の内心をみつめ，それを言葉にすることができると，患者も認めまいとしていた内奥の無力感を自覚できる」と述べています。自分の感情に気づき，その感情を認めるという「一致」は，感情労働に対処するのに有効です。

〔一致の事例〕

　私たちのサポートグループは，高齢の配偶者を亡くした人の参加が多い。この頃，タダオさんという男性がよく「このしんどさは同じ境遇じゃないとわからないね」と言っていた。「子どもにはわかってもらえない」「親を亡くすより配偶者を亡くすほうがずっとつらい」という言葉には，私も"そうなのだろうなあ"と思ったが，「子どもは親を失くしてもそれほど悲しんでいない。簡単に乗り越えている」と言われると，両親を亡くした私としては「子どもも見えないところで悲しんでいるかも」と言葉にもしてみたが，その時，伝わった感じはしなかった。

　その日も「子どもはそんなに悲しまない」という会話が続いていた。タダオさんが「体験してみないとわからないね，このしんどさは。ここはわかり合えるからいい」と言った時，ずっと苦しかった私は「体験してみないとわからない……。伴侶を亡くした経験のないスタッフのことはどう思われますか？」と問いかけた。

　するとタダオさんは，「カウンセリングの技術を習得している方は一般の人とは違う。でも，実際はわかっていないと思う」と答えた。私はやはりそう思っていたのだと納得すると同時に，「そう言われると『ちょっときついな』という感じもあります。カウンセラーの立場だけでここにいるつもりはありません。私は親を亡くしただけで，伴侶を亡くす

という喪失は体験していないけれど，いまの自分で一生懸命聴きたいと思っています。『わかる』というのはおこがましいと思いますが」と，自分の思いを伝えた。

　タダオさんは「僕だってレイコさんが子どもを亡くした気持ちはわからないと思うし」と言った。子どもを亡くしたレイコさんに対して，ほかの参加者はこれまで言葉を返すことがなかったが，この時，初めてタダオさんが，自分には到底わからないという気持ちを伝えてくれた。今度はマサヨシさんが「メインとなる主人公がどう考えているかはわからない。妻はどんな気持ちだったのでしょうねえ。『いま，あなたは悩んでいるけど，生きているからまだいいじゃない』と思っているかも。『夏を越せない』って言われて，どうだったのでしょうねえ」と語った。そうやって，それぞれが大切な人の気持ちをわかることができないつらさを語った。

　私は「マサヨシさんが言ったように，がんを経験していない私が，死にゆく人の気持ちがわかるとは言えません。伴侶を亡くしたことのない私が，みなさんの気持ちがわかるとは言えません。でも，わかることのできないつらさや無力さを抱えながら，ここにいることが大事なのかな」と，思いを言葉にした。同じ人間として，わかることのできない苦しみや葛藤がつながった体験だった。

　ある日，タダオさんが「子どもは，親が死んでも1ヵ月ぐらいでケロッとしている」と言った。その時，私は「ケロッとしているって，その言い方はひどい」と，スッと言葉が出た。タダオさんは苦笑いをして，「僕も，親が死んでもそんなに悲しまなかったかなって。親は90だったし。子どもには自分の生活がある。僕は妻を亡くして，それまでの生活そのものがなくなったからね」と語った。それを聞いて私は"ああ，そうか"と，タダオさんの深い悲しみが伝わってきて，"子どもがまったく悲しんでいないとは思っていない。ただ，ここでは自分たちの寂しさを言いたいのだな。ここだから言えるのだな"と気づいた。タダオさんの子どもを思う気持ちに気づいたのだった。

今度はマサヨシさんが「子どもから母親が亡くなった時の気持ちを聴いて，彼らは彼らなりの思いがあるのだなと新しい発見があった」と語った。

　この事例を通して，「経験した人にしかわからない」という言葉に筆者である"私"がこだわりをもつようになったのは，苦労して立ち上げて継続してきたグループへの思い入れが強い中で，配偶者を亡くした遺族の怒りを感じ，そこから排除されるような疎外感や，親を亡くした悲しみを否定された怒りがあったからだと気づきました。筆者が自分の気持ちと一致できたことでメンバーも自己開示し，大切な人の気持ちをわかることができないつらさを語り合い，苦しみを抱えた人間同士としてつながることができたのです。

（2）共感的理解
　支援者は患者の苦悩を自分のことのように感じて苦しくなることがあります。患者の感情に巻き込まれてしまうのです。これは共感疲労につながります。

　相手の感情に巻き込まれないためには，ロジャーズが定義する共感的理解が役に立ちます。共感的理解とは，「クライエントの内面的世界をあたかも自分自身のものであるかのように感じとることであるが，その"あたかも……のように"という性質を絶対に失わない」ことです（Rogers, 1966）。つまり，私はあなたではないのです。

（3）支援者のためのサポートグループ
　サポートグループで大切なのは，「お互いの気持ちを大切にする」「語る」「受け止めてもらえたと実感できる」「ひとりではないと思える」「違いを認め合う」ことです。支援者にとっても，やり方次第で多様な場がサポートグループになり得ます。
①緩和ケアに関心がある人のためのエンカウンターグループ
　筆者は，1997年から「緩和ケアに関心のある人のためのエンカウンター

> **緩和ケアに関心のある人のためのエンカウンターグループ**
>
> 　慢性疾患，がん患者，特に終末期の人と共に在るということは，とても大変なことです。多忙な日常からちょっと離れてゆったりとした時間の中で語り合い，自分らしさを取り戻してみませんか。また，患者さんとのかかわり方で困っている人にとっても，きっと何かヒントを得られることでしょう。
> 　緩和ケアに関心を持っている医療者やボランティアなどを対象とします。山中湖と富士山の自然と温泉，宿の家族も心から皆様をもてなしてくれるでしょう。

図11-1　緩和ケアに関心のある人のためのエンカウンター
　　　　グループの案内文（抜粋）

グループ」（人間関係研究会主催）という合宿型のサポートグループを行ってきました（図11-1）。エンカウンターグループはロジャーズ（Rogers, 1970）が提唱した，個人の生き方や人間関係を探求するグループで，エンカウンターとは自分や他者との「出会い」を意味します。わが国の医療においては，1970年代初頭に見藤（1991）が看護師を対象としたエンカウンターグループを導入したことが始まりです。

　通常10人程度のメンバーと，ファシリテーター1，2名で構成されます。あらかじめ決められた課題やテーマはなく，語り合う内容は参加者に委ねられ，ゆったりとした時間の流れの中で自分を見つめます。

　参加者の感想には「温かくて人のことを愛おしく思える出会いだった」「心の底に押し込めていた体験や感情と対話することができた」「自分はいてもいいのだと思えた」「ほっこりできた」「自分はこれでいいのだと思えた」などがあります。患者の苦しみや問題を解決するためのコミュニケーションを学びたいと思って参加した人たちが，話を聴いてもらうことでどれだけ癒されるかを実感します。自分の語りを大切に聴いてもらえること自体が，ケアになることに気づくのです。

②事例検討会やグループコンサルテーション

　事例検討会やグループコンサルテーションを行う時に筆者が一番体験してほしいのは，問題の解決ではなく，自分の語りを大切に聴いてもらえたと実

感できることです。「ほかのメンバーのほうがその時の自分の気持ちを感じ取ってくれた。自分はあの時，怒っていたし傷ついていたのだ。ケアされるとはこういうことなのだと実感した」「自分の思いや感情をもう少し受け入れて言葉にしていこうと思った」といった感想もありました。

③現場でのサポートグループ

ケアをめぐって支援者間に葛藤が生じたり，自分の感情をうまく扱えなくなったりすることがあります。そんな時，思いを語り合い，共有すること自体を目的としているサポートグループが役に立ちます。

患者や家族の暴力や自殺が起きた時には，資料を作って個別ケアやサポートグループを行うこともできます（広瀬, 2011）。時間がない時には「ひとり1分語り」を行うこともできます。帰る前にひとり1分ずつ，その日につらかったことや嬉しかったことを話します。

④日々のカンファレンス

デスカンファレンス（広瀬, 2010）も含めた日々のカンファレンスでも，他者の思いを尊重し，対話を重視する姿勢が根底にあれば，スタッフのサポートの場になります。問題になっている患者・家族の担当者や，問題が起きた時に対応した支援者を責めるのではなく，守ろうとする姿勢が大切です。

⑤休憩室

休憩室で愚痴を聴いてもらうことも意味があります。自分だけがこんな気持ちになっていると思っている時，「私もそう（だった）」と他者の体験を知ることで，「自分だけじゃなかった」と気づくことができます。「私もそういうことがあったけど，こういうふうにやったらうまくいったよ」と，対処法を聞くこともできます。

新型コロナウイルス感染症の蔓延時には，休憩室での談笑や仕事帰りの飲み会も禁止されました。大切なストレス発散の場がなくなってしまったのです。

⑥遺族のためのサポートグループ研修

筆者らが企画している遺族のためのサポートグループに，研修として参加した看護師の学びを表11-1に示しました。遺族の人間的成長を実感するこ

**表11-1　遺族のためのサポートグループ研修を
終えた看護師の感想（抜粋）**

・自分の遺族としての思いが参加者の思いと重なることが多く，このような不安定な気持ちでよいのか悩んだが，レビューでそのままでいいと言われて，素直に遺族の気持ちに向き合えるようになった。
・レビューで，いろいろな思いをカウンセラーやほかのスタッフと話し合うだけで気持ちがすっきりし，癒されていることに驚いた。
・患者・家族がつらいとき，そばに寄り添い，話を聴いていたが，そのようにただ話を聴くだけでもケアになっていたのだとわかった。
・自分の人生について考える場となった。
・悲嘆を抱えながらもそれでも生きていこうとする姿勢に感動した。

とで，人間への信頼がもたらされます。自分を見つめる機会にもなります。また，グループの中で体験したことを振り返り，明確化する場として，グループ終了後にスタッフだけで振り返る（レビュー）場がスタッフ自身のサポートに役立つことがわかります。もちろん，このような機会は職種に限らず役立ちます。

（4）セルフケア

　自分の感情を誰かに聴いてもらうことは大切ですが，聴いてくれる人が側にいない時には，自分で自分のケアをしてみましょう。

　①書くこと

　自分の思いを言葉にして書くことが，思いを体から離すことになります。思いを体から離すことで楽になると同時に，これまで見えなかったものが見えてきます。問題が複数ある時は，順番に書き出してみるだけでも気持ちが整理できます。

　②パラレル・チャート

　パラレル・チャートはもう一つのカルテです。その説明はこんなふうに書かれています。

　　毎日，皆さんは自分の受け持っている患者についてカルテに書き込みます。そこに何を書くべきか，どんな形式で書き込むべきかについて，皆さ

んは正確に知っているでしょう。（中略）もし，前立腺がんで亡くなろうとしているあなたの患者が，昨年の夏にその病気で亡くなったあなたの祖父のことを思い出させるとしても，その患者の病室を訪れるたびに祖父のことを思い出して涙するとしても，それを病院のカルテに書くことはできません。私たちもそうさせないでしょう。それでもそのことは，どこかに書かれる必要があります。それをパラレル・チャートに書くのです（Charon, 2006）。

筆者は，ある患者さんとの思い出を記述しました（広瀬, 2014）。一般的な論文と異なり，純粋に，自分が経験したことや自分の思いを書くこと自体が目的でした。患者とのかかわりを大切にできた体験だったと思います。

③自分の中のカウンセラー

自分の中にクライエント役とカウンセラー役を作って対話します。自分の中のカウンセラーが「今日一日どうだった？」と，クライエントである自分に聞いてみます。クライエントである自分が「こういうことがあって大変だった」と答えたら，カウンセラーは「大変だったね，よく頑張ったね」と言ってあげてください。

④考え方へのアプローチ

私たちは知らない間に"○○すべき"など自分を縛る考え方をしています。ある出来事が起こると，その人の考え方の癖でその出来事を受け止め，結果として，気分や行動が生じます。同じ出来事を体験しても，考え方（受け止め方）が変わると結果（気分・行動）も変わるのです。これが認知療法の発想です。まずは自分の考え方の癖を知りましょう。体験する状況は変えられなくても，考え方や受け止め方は自分で選択し，変えることができるのです。

⑤日常の中でのケア

人の体力や気力には限界がありますから，セルフケアをして，エネルギーを補充する必要があります。「ゆっくりお風呂に入る」「散歩する」「絵を描く」「音楽を聴く」「アロマを焚く」「マッサージをしてもらう」など，自分が楽なことをしましょう。絵本もお勧めです。たとえば『生きづらさから自

由になる気持ちのキセキ』（箱崎, 2008）は，この章で説明していることを絵本で実感することができます。

⑥リラクセーション

ゆったりとした呼吸にはリラクセーション効果があります。たとえば，漸進性筋弛緩法（五十嵐, 2001）は，呼吸法を行いながら体の緊張を順番に緩めていく方法です。身体のある部位にいったん力を入れてから，力を抜きます。たとえば，両肩を上に引き上げて力を入れた後，ストンと肩を落として深呼吸をします。あるいは，顔に意識を集中して思いっきり変な顔をして，ストンと緩めて深呼吸をしてみてください。

⑦マインドフルネス

私たちは普段，過去の後悔や将来の不安にとらわれがちですが，マインドフルネスでは，いま，この瞬間の自分の心と体に意識を集中します。宗教の枠から出発し，マインドフルネスの瞑想法を心理療法に応用したのはカバットジン（Kabat-Zinn, 1990）で，1979年にマサチューセッツ大学のストレス低減センター，のちのマインドフルネスセンターを設立しました。マインドフルネスには呼吸や食べることなど，さまざまな方法があります。練習として干しブドウを味わうという方法があります。干しブドウ1粒を手に取って，触って，においをかいで，唾液が分泌されるのを感じて，口の中に入れて，じっくり味わって，よく噛んで味わうというものです。

⑧セルフ・コンパッション

ハリファックス（Halifax, 2018）は，「開かれていること（知ったつもりにならない），苦しみと共に在ること（ありのままを見届ける），心を込めて応えること（慈悲に満ちた行為）が，コンパッションを生むための強力な手段」だと述べています。コンパッションとは慈悲であり，彼女の著書のタイトルにもあるように，「状況にのみこまれずに，本当に必要な変容を導く，『共にいる』力」です。「苦しむ人の幸福を『願う』ことは，コンパッションに不可欠」だといわれます。

このコンパッションを自分に向けたものがセルフ・コンパッションです。それは「私たちが愛する誰かが苦しんでいるときにケアしてあげるように，

自分自身をケアしてあげること」であり，「自分に向けられた慈悲，思いやり」です（岸本, 2020）。前述したマインドフルネスがセルフ・コンパッションの土台となります。自分を否定せず，他者を思いやるように，自分自身を慈しんであげてください。

臨床を生き抜くために大切な能力

（1）自分を認める能力（一致）

「一致」の項で述べたように，自分の感情を否定せず，認めてあげてください。どんな行為もあなたの能力だと考えてみてください。たとえば，落ち込むのは悪いことではなく，落ち込むことができる能力なのです。

（2）助けを求める能力（援助希求能力）

個人を取り巻く重要な他者（家族友人，同僚，専門家など）から得られるさまざまな形の援助をソーシャルサポートと呼びます（久田, 1987）。自分を支えてくれる人がいて，支えられていると実感できることには，ストレス反応を弱める働きがあります。助けを求めるのは弱いことではありません。助けを求める力をもっているということであり，健康な力です。

（3）できないことを受け入れる能力

ハリファックス（Halifax, 2009）は，ケア提供者が演じてしまう役割について述べています。これは，ケア提供者が相手のためになろうとするあまり陥りやすい姿勢といえます。

たとえば，"英雄" は「助けられるのは私だけ」という役割を演じてしまうことです。ここには，感謝と安心を求める無意識的欲望があり，このような態度に陥った時は，ほかのケア提供者と責任を分担しましょう。"殉教者" は燃え尽きた "英雄" の最終段階であり，休息を取って自分自身をケアすることが必要になります。"親" は相手をコントロールする役割を演じてしまうことで，死にゆく人を無力な人のように扱うことは，ケア提供者の不安感

や不信感から生じるといわれます。そういう態度に陥った時は，自分の気持ちは少し横に置き，何を望んでいるのかを相手に尋ねましょう。"熟練者"は専門的な態度で振る舞う役割を演じてしまうことです。そうやって感情的な交流を避けてしまう時には，自分の感情に向き合えるように信頼できる人に話すことが役に立ちます。"聖職者"は最良の死に方に操作する役割を演じてしまいます。これは，自分だけが正しい道を知っているという気持ちに陥った時に生じます。そういう時は，私たちにも知らないことがあることを認め，自分の期待（良い死という観念）を手放すことが大切です。

（4）不確かさに耐え，葛藤を抱える能力（negative capability）

　臨床では不確かなことや正解がないこと，割りきれないことが多いでしょう。その中で曖昧さに耐えることや葛藤を抱えることが大切です。葛藤がないことがよいのではありません。葛藤がないということは，何か大切なものを切り捨てているのかもしれません。このような能力をネガティブ・ケイパビリティ（negative capability）といいます（131頁参照）。ネガティブ・ケイパビリティとは，「不確かさ，不思議さ，疑いの中にあって，早く事実や理由を掴もうとせず，そこに居続けられる能力」のことです（土居, 1992）。これは，詩人のキーツが書き遺した言葉です（渡邉, 2022）。

　私たちは意味づけることが大事だと思っています。でも，意味づけることや言葉にすることを括弧に入れて，そこに在るものを感じることも時には大切ではないでしょうか。すぐに白黒をはっきりさせようとしないで，「自分は駄目だ」とすぐに結論を出さないで，その不確かなところで立ち止まる力が私たちには必要とされています。

コラム ⑭

「自分自身が，大切な人との死別後まだ間もない 時期に，遺族の支援をしないほうがいい」 と言われました。なぜでしょうか?

　自分自身の悲嘆が強い時は，他者の苦しみに共感することは難しいからです。思い込みが強くなって自分の感情を相手に押しつけたり，相手の感情に巻き込まれて苦しくなったりします。

　ただ，何年か経てば自分の感情が揺さぶられることがなくなるというものではありません。悲しみは消えるものではないからです。ですから，遺族支援を行う時は同僚に思いを語り，自分の感情に気づき，自分の感情もケアすることが大切です。スーパーヴィジョンを受けるのもよいでしょう。

第 12 章
―――――
組 織 と し て の 支 援 者 ケ ア

　前章でも触れたように，遺族支援において，支援者のケアは最も重要視すべき事柄の一つです。前章では，支援者が陥りやすい共感疲労やバーンアウト，そしてその対処として私たち自身ができることを中心に述べました。最終章となる本章では，支援者のケアのために，チームや組織としてできることや，支援者のためのトレーニングについて述べます。

死や死別の支援とストレス

　死や死別にかかわる支援者には，患者や家族，遺族の深い悲しみや思いに直接触れることで，過重なストレスがかかります。たとえば，強い苦痛を訴えたまま患者が亡くなると，医療従事者は自分たちの判断や対応に関し，大きなストレスや感情の消耗，仕事への不全感を抱く場合が少なくありません。また，遺族の深い悲しみや苦しみに接すると，支援する側が無力感を抱いて，「自分は何もできていない」と自己価値感が低くなったりします。

　このような支援者への負の影響は，職種によっても異なるようです。実際，ある生命保険会社の方から，「がん患者の電話相談をする専門職のうち，心理職に比べて看護職は燃え尽きて辞めていきやすいので，何か対策がとれないか」と相談を受けたことがあります。筆者（瀬藤）は医療の仕事に就いた後に心理の資格をとったので，それを聞いた時に，ある意味，納得したことを覚えています。医療では，支援する側の姿勢として「献身的」あるいは「寄り添う」ことが強調されますが，心理の教育課程では，支援の中で起こっていることを，より客観的・俯瞰的にみるように指導されます。相手の反

応と同じくらい，自分自身の感情や反応に目を向けることが求められ，支援の時の相手と自分のやりとりを冷静に観察する力を身につけるトレーニングをします。そして，大学院生の頃から経験ある指導者のスーパーヴィジョンを受けるので，いつも自分の支援のあり方を振り返る機会があります。受けてきた教育は，その人の支援のありように影響していきます。

共感疲労の症状

　「共感疲労」の提唱者であるフィグリー（Figley, 2002）の有名な言葉に，「ケアには代償がある」というものがあります。トラウマの専門家だったフィグリーは，トラウマを支援する専門職が，心的外傷を受けた人たちの話を共感的に聴くことで，二次的外傷性ストレスによって燃え尽きていくことを目の当たりにし，「共感疲労」という言葉を生み出しました。そしてトラウマケアを行うことは，支援する人の心身に深刻な代償をもたらすと警鐘を鳴らしたのです。

　グリーフの支援も，トラウマの支援と同じくらい，共感疲労やバーンアウトが起こりやすい領域です。私たちは，遺族支援によって自分が受ける影響を，決してあなどってはいけません。

　バーンアウトや共感疲労になると，「くたくたに疲れた」と何度も感じたり，支援の対象者に怒りを覚えたり，食事の量が極端に減ったり（逆に増えたり），不眠になったり，イライラしやすくなったり，出勤や活動にためらいを感じたり，仕事のミスが増えたりと，支援者の感情面だけでなく，表12-1のように，その影響は実に広範囲に及びます（瀬藤・丸山, 2013；瀬藤, 2022a）。私たちはまず，「自分の変化（兆候）に気づく」ことが大切です。

その他のメンタルヘルスの問題

　バーンアウトや共感疲労は，人を支援するという行為の中で起こるものですが，支援者のメンタルヘルスに影響を与える要因は，実はそれだけではあ

表12-1　共感疲労（二次的外傷性ストレス）の症状（Figley, 2002を改変）

感情	パワーの低下，不安，罪責感，怒り，恐れ，悲しみ，感情の浮き沈み　など
認知	関心の低下，自尊心の減少，頑固さ，完璧主義　など
行動	イライラ，引きこもり，気分の変動，睡眠や食欲の変化，過覚醒，物忘れ　など
スピリチュアル	人生の意味への問い，満足感の欠如，無力感，崇高なものへの信頼感の低下　など
関係性	孤立，親密性の低下，怒りや責め　など
身体	動悸，呼吸困難，痛み，体の不調，免疫力の低下　など
仕事の遂行	意欲の低下，課題の回避，細部へのこだわり，消極性，スタッフとの葛藤，イライラ　など

りません。過重労働，職場の人間関係，仕事上の葛藤など，いろいろあります。さまざまな負荷がかかった状態で放置すると，休職や活動の休止に追い込まれることもあります。表12-2にあるような，ストレスに起因したうつ病や不安障害を発症したり，不眠によって健康状態を悪化させることも珍しくないのです。これらは本来，支援によって生じるバーンアウトや共感疲労とは区別されるべきものですが，昨今は，これらの一般の職業性ストレスにも目を向けざるを得ない状況になってきています。

　とくに新型コロナウイルスの感染流行以降，対人援助職は過重労働に加え，業務上も慣れない仕事が増え，対象者に十分なケアを提供できないといった葛藤をこれまで以上に抱えるなど，心身ともに厳しい期間が続きました（瀬藤・坂口・村上他, 2020；瀬藤・竹林・前田, 2020）。また，遺族支援も，これまでのやり方を変更せざるを得ず，何ができるのだろうかと葛藤をもちながら活動を続けてきた方も多かったと思います。何か不調が出たとしても，その人が弱いわけでも，自己管理ができていないわけでもなかったのですが，多くの支援者が「いまは仕方がない」と言い聞かせ，コロナ禍が過ぎ去るのをひたすら我慢してきました。現在では感染状況は落ち着いてきたものの，私たちの多くは，自分自身を振り返ることもいたわることもなく，ここまで来たように思います。

表12-2　職業性ストレスから起こりやすいメンタルヘルスの問題と留意事項

（1）うつ病
- うつ病は誰もがかかる可能性がある（生涯有病率7.5%）。さまざまな原因が考えられるが，原因がはっきりせず，慢性的なストレスが要因となっている場合もある。
- 疲労感や体調の悪さなど，体の症状を伴うことが多く，元気がない以外にも，うつ的な気分，興味や喜びの低下，不眠などの症状が出る場合が多い。
- 意欲やエネルギーが減退するので，生活が乱れてくる。机が片づけられなくなったり，職場でミスが増えたり，家に帰っても食事を作る気力がなかったり，後片づけができなくなったりする。また，人づきあいも億劫になる。
- 服薬治療とともに，エネルギーの充電・回復のために，休むことも大切。

（2）適応障害
- うつ病との違いは，明らかな外的なストレスにより症状が発現する。
- 症状軽減のためには，そのストレスをまず減らすことを試みる。

（3）不安障害
- 心配や不安のために，息苦しくなったり，眠れなくなったり，動悸がするなどの症状が出る。典型的な不安障害として，「パニック発作」がある。
- 「また不安が起きるのではないか」「眠れなくなるのではないか」といった予期不安が生じやすくなると，日常生活に大きな影響が出てくる。
- 服薬が著効する場合が多い。うつ病を併発していることもあるので，専門医と早めに相談。
- カフェインを控える。

（4）不眠症
- 一般成人の約3分の1が何らかの不眠症といわれている。
- 高血圧や糖尿病などの生活習慣病のリスクが上昇するとともに，メンタルヘルスの問題に直結しやすい。
- 3日眠れない場合は要注意。1週間以上眠れない場合は医療機関を受診する。
- 生活リズムを整え，誤った対処をしないように注意する（寝酒をする，眠いので昼間にカフェインを多くとる，といった対処は避ける）。

　筆者は，支援者のバーンアウトの対策として，パンデミック以前はセルフケアを重視してきました。しかし，コロナ禍以降，支援者自身の問題に関する相談が急増し，多くの相談を受けるうちに，現在の社会情勢や，臨床現場の厳しさを考えると，セルフケアだけでは，支援者の健康を守れないと思うようになりました。自分自身の健康管理はもちろん大切ですが，私たちは，組織やチームとしても，メンタルヘルスを守る対策を講じることが重要です。

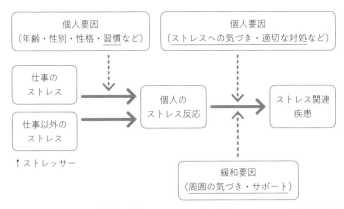

※破線は影響する因子，下線は変えていくことが可能な事柄

図12-1　職業性ストレスモデル（NIOSH職業性ストレスモデルを簡略化）

支援者のストレス対策

　バーンアウト尺度を作成したマスラックらは，バーンアウトの関連因子として，「個人要因」（若年，女性，未婚，頑張りすぎる性格など）のほかに，仕事量の多さや仕事内容（とくに感情労働であること），仕事上のサポートの少なさなどの「環境要因」も影響すると述べています（Maslach et al., 2001）。年齢や性別，性格など「個人要因」の中には，変えることが難しいものもあります。一方で，職業性ストレスモデルでは，変えることができるものも示されています（図12-1）。たとえば「習慣を変えること」「ストレスに気づいて，適切な対処をとること」「周囲の人がその人のストレスに気づいて，サポートすること」は，自分たちの意識次第で行うことが可能です。つまり，生活習慣，仕事の習慣，考え方の習慣など自分の習慣を見直し，ストレスに対して適宜対処すると同時に，同僚や仲間の状態にも目を配り，互いに支え合うチームの風土作りが重要なのです（瀬藤，2015）。

　では，具体的には，どのようなことをすればよいのでしょうか？　表12-3に，職場・個人それぞれのストレスマネジメントの方策をまとめました。職場のストレスマネジメントに関しても，職場任せにせず，サポーティ

表12-3　組織で行うストレス対策（瀬藤，2022a）

【職場レベルでのストレス対策】

（1）学習の場，研修の整備
- 専門的知識（家族支援・遺族支援に関連する知識など），考え方，対応方法などの学習
- ストレス管理の学習
- コミュニケーションの学習

（2）スタッフ相互の助け合い・協力，指導やフィードバックを受ける機会

（3）管理職によるラインケア（部下の健康状態の把握，相談したり助け合うことができる職場風土作りなど）

（4）環境整備・業務の整理や効率化
- 仕事環境・仕事内容の整備と整理
- 休息・休日の保障

（5）指導や助言を受ける機会，スーパーヴィジョンや振り返りの機会の設定
- 事例検討会，カンファレンス
- 個人面談
- リエゾン・コンサルテーションの活用

（6）健康相談の窓口の整備
- メンタルヘルスの専門家との連携

（7）心身の不調者への対応

【個人レベルでのストレス対策】

（1）メンタルヘルスやストレスに関する知識や対処スキルの獲得

（2）専門的知識や技能のアップ

（3）ストレスへの気づき
- 自分のストレスへの気づき

（4）ストレスの自己管理・セルフケア
- 気分転換の工夫（深呼吸，運動，瞑想など）
- 心身の鍛錬
- セルフケアの励行，対処法の見直し
- ワークライフバランス

（5）孤立を防ぐ・相談する
- ひとりではなく，ペアやチームで活動する
- 困った時にSOSを出す
- 上司や信頼できる人に自分から相談する

（6）考え方の工夫
- 成長の機会ととらえる
- 成長を志向する

ブな職場環境作りに向けて，すべてのスタッフが協力しながら行うことが大切です。個人においても，職場においても，個々の状況に応じて優先順位をつけ，優先順位の高いものに対して計画的に取り組んでいくようにしましょう。また，職場の管理者や経験豊富な人たちが，専門的な技能のみならず，スタッフのストレス管理に関しても配慮する「ラインケア」の実践も推奨されています。

チームや上司からのサポート

　遺族の支援者は，支援の中で，さまざまな過酷な死別体験を見聞きすることになります。そのため，支援経験が長い専門家であっても，うまく支援できたとは簡単には思えないという現実があります（Worden, 2018）。

　どのような死別であっても，深い悲しみに寄り添うことは，支援者の心も大きく揺さぶられる経験になりますが，とくに突然の死，暴力的な死，悲惨な死，無念な死などでは，遺族と同様，支援者にも強い脅威や不安感，無力感，そして喪失感がもたらされます（Rando, 1993a）。たとえば，自死や殺人による死別や，子どもを失った後では，その遺族がもつ強烈な怒り，罪責感，悲しみなどに対して，支援者が圧倒され，そのような訴えから距離を置きたいと感じやすくなることが指摘されています。また，そうした思いをもつことに罪悪感を抱き，自分は支援する立場に値しないと自分自身を追い込む場合があります。このような経験が，支援者の心的外傷（トラウマ）を引き起こしたり，過去のトラウマを再燃させたりするリスクも報告されています（McCann & Perlman, 1990）。とくに複雑性悲嘆やそのリスクの高い遺族にかかわる支援者は，支援期間も長く，遺族の苦しみを何度も目の当たりにすることになりやすいため，支援者自身の問題を避けて通ることはできません。実際，筆者が遺族の支援者から相談を受ける時，その約3分の1には支援者自身の問題が含まれています。

　このような支援者の問題に対して，ハーマンは，深刻な状況を扱う支援においては，支援者に対しても「安全」を確保するよう強調しています

（Herman, 1990）。とくに看取りがあった日や，悲惨な事故や災害の現場に入った日，家族や遺族の強い感情に向き合った日などは，その日のうちに，できるだけ支援者自身の重荷を減らす工夫が大切です。たとえば，仕事や活動の終わりに短時間のミーティングを行い，堅苦しくないちょっとしたおしゃべりの中で，大変だった思いを「職場（現場）に置いて帰る」ことを，チームの決め事とするのです。また，仕事終わりに，「ちょっと飲みにいく，食べにいく」こともよいでしょう。その時は，一人ひとりの感情を掘り下げる必要はなく，「疲れたなあ」と互いをねぎらうだけでよいのです（瀬藤, 2019a）。大変な支援の後には，リラックスを心がける，家族や友人との時間を大切にする，先輩が実践していることを伝えたり数名でシェアしたりすることもよいでしょう。

　支援で少し疲れた日にほっとできる場所やほっとできる人との時間を確保するとともに，上司やチームリーダーの立場の人が，ストレス管理に関しても，経験の浅い支援者のモデルになることが望ましいといわれています。また，定期的に上司と相談する時間をもったり，指導者からケースのスーパーヴィジョンを受けたりする中で，支援者自身の無力感や悲しみを扱うことも，支援者をエンパワーし，支援を振り返るよい機会になります。助言や指導を受けながら，プラスの側面とマイナスの側面を整理する習慣をつけることは，自分自身の支援のありようを客観的に見つめ，その後の成長につなげるトレーニングにもなります（瀬藤, 2022a）。

遺族支援者のためのトレーニングプログラムを受ける

　海外の遺族支援のワークショップに参加すると，支援者自身の喪失の悲しみや感情を扱う時間が必ず組み込まれています。最も一般的なものは「自分自身の喪失体験を振り返る」プログラムです。これを「自己覚知のワーク」といいます。たとえば，第10章で紹介した喪失曲線（Loss Line）も，振り返りのワークの一つとして遺族支援者のプログラムで使用されており，筆者自身も受けた経験があります。また，行方不明者家族の支援など，あいまいな

喪失の支援を行う場合も，支援に入る前に，支援者自身のあいまいな喪失を振り返っておくことが，必須のトレーニングとされています（瀬藤, 2019a）。海外では，この自己覚知のワークが，遺族支援の知識やスキルと同じくらい重視されています。支援の前にあらかじめこのようなワークを行っておくことで，遺族への共感性が増すと同時に，深い悲しみをもちながらも人が回復していく力──レジリエンス──についての理解も深まります。それは結果的に，苦しみと向き合い続ける間の耐性を高めることにつながり，支援者のバーンアウトや共感疲労の予防にも役立つのです。

　それに加え，支援者がこのようなトレーニングを受け，自分自身の喪失体験を振り返る利点として，ウォーデンは以下の4点を挙げています（Worden, 2018）。

①自分自身の喪失体験を振り返ることで，悲嘆を経験するとはどういうことか，どのような過程なのか，喪失の回復にはどのくらい時間がかかるものなのか，どのように対処するのか，などの理解が深まり，より効果的に援助できるようになる。

②喪失体験を振り返ることで，喪失後に，何が役に立ち，何が助けにならないか，どのような言葉をかけるのが望ましく，何を言ってはいけないのか，といったことが明確に認識できるようになる。また，それによって支援者自身が，自分に合ったコーピング（対処方法）を認識することにつながる。

③喪失体験を振り返ることで，自分がやり残している喪失体験の課題を自覚し，未解決の課題に取り組むべきかどうかを考えることができる。

④自分自身の悲しみを見つめることで，自分が扱える遺族支援の範囲（クライエントの特質や悲嘆の状況など）を認識し，みずからの限界を知ることができる。

　先に述べたように，遺族支援においては，過酷な状況の遺族が支援を求めてやってきます。その際，支援者が，自分がうまく扱えないケースの傾向を

あらかじめ知っておくことは，遺族にとっても支援者にとっても有用です。もし支援を行うことに自信がもてない場合には，ほかのスタッフと協働で支援したり，よりうまくそのケースを扱うことのできる人に担当を代わってもらう場合が出てくるかもしれません。そのような時，支援者はみずからの力不足や，自分の限界を強く意識しがちです。しかし，自分を卑下したり，責めたりする必要はありません。足りないところは，これから学んで，支援者として少しずつ成長していけばよいのです。自分自身でもそのような心持ちでいることが大切ですが，チームや組織の中でも共通の認識としてもっておきましょう。日頃の人間関係を大切にし，苦しい時は，自分から人に相談したり，支援を求めたりしてください。そして，みなで助け合うことのできるチームや組織にしていきましょう。それが長く遺族支援を行う何よりの秘訣です。

自分自身と仲間を支えるために

　筆者は，最初は独学で遺族支援を始め，途中で心理の大学院に行きましたが，その後，完全な共感疲労状態に陥った経験があります。いま考えると，いくつもの要因が思い当たります。その頃の筆者は，自分自身のケアの重要性について，ほとんど理解していませんでしたし，未解決な喪失体験もありました。当時，筆者は過去のトラウマが再燃し，何度も体調を崩し，自己価値感はすっかり低くなっていました。その筆者が支援の現場に戻ってこられたのは，それまでかかわってきた家族・遺族や恩師らの支えがあったからにほかなりません。苦境の中では，信頼できる他者の支えが本当に大切です。

　それでも，長く対人援助の仕事を続けていると，心身の消耗を感じることはあります。とはいえ，いまはかなりコントロールできるようになりました。筆者を大きく変えたものは，韓国の瞑想法とその指導者との出会いでした（167頁参照）。瞑想法は，「自分の感情を無理に変えようとせず，そのままに置いておくこと」「自分自身をあるがまま認めること」「物事を俯瞰してみること」を教えてくれました。そしてその根幹には，常に，自分と他者へのコ

ンパッション（思いやり・共感）があり，他者と同じくらい自分を慈しむことの大切さを学びました。ストレスケアに関しては，瞑想法に限らず，自分に合ったものであれば，どのような方法を用いてもかまいませんが，その考え方を熟知して，生活に活かせるくらい身につけておくことが重要です。

　本書の最後に読者のみなさんにお伝えしたいことは，自分や同じ活動を行う仲間を支えるために，私たちにはまだできることがたくさんあるということです。そして結果的にそれが遺族にも恩恵をもたらします。ぜひ，第11，12章の内容を実践していってほしいと願っています。

おわりに

　私が瀬藤先生と出会ったのは，瀬藤先生が大阪で開催していた複雑性悲嘆の研究会でした。私は，職場で，がんで家族を亡くした人たちのサポートグループを行っていましたが，悲嘆研究の Up to date に触れる機会をもてないでいました。そんな時にその研究会を見つけたのです。東京から大阪への日帰りの旅でしたが，毎回新鮮でわくわくしていました。久しぶりに学ぶことの楽しさを実感していたのだと思います。そんな私を，研究会のスタッフの方々は温かく受け入れてくれました。その研究会で発表させてもらったことも貴重な体験となりました。

　瀬藤先生は華奢なのにパワフルで，おっとりした雰囲気をもちながら芯が強くて活動的な方だと思いました。そんな瀬藤先生に惹かれて，マインドフルネスの研修にも参加したのですが，遠方から参加した私に，チョコレートをプレゼントしてくれたことを覚えています。瀬藤先生の優しさは本書にも如実に表れています。苦しんでいる当事者のもとへこちらから出かけていくという志向性が伝わってきます。この点は私も学びたいと思っています。

　瀬藤先生から共同執筆のお誘いをいただいた時は，自分でいいのかという迷いがありました。瀬藤先生は悲嘆の実践や研究を先導されてきた方で，そんな方と共著となると，私が足を引っ張ってしまうのではないかと思ったのです。実際に足を引っ張ってしまったかどうかはわかりませんが，瀬藤先生が自由に書かせてくれたので，それぞれの個性を尊重した本が仕上がったのではないかと思います。

　この本に一貫して流れているのは，当事者を孤立させないこと，つながり——それは亡き人とのつながり，家族や知人とのつながり，そして地域や支援者とのつながりを含みますが——を大切にすることです。

1999年から継続してきた遺族のためのサポートグループも，新型コロナウイルス感染症パンデミック下にあって，対面からオンラインに切り替えざるを得なくなりました。オンラインによるグループアプローチには問題点も多々あります。それでも参加者にとっては，月2回のオンラインによるサポートグループがとても貴重な時間になっているようです。「外出できなくて誰とも会っていない」「妻を亡くしてひとり暮らし。人と話す機会がない。買い物に行っても最近はセルフレジですよね。黙々と，ピッピッと終わらせて帰る」「子どもともLINEで話が済む。スマホとやりとりしている感じ」という言葉からは，生活が便利になるにつれて孤独になっていく現代の社会が浮き彫りにされているようです。「ひとり暮らしでは，何かのグループに所属しているだけで気が楽になる」という言葉のように，どんなに世の中が便利になっても，人は人とのつながりを求めているのです。

　そういう人々にいかに寄り添っていけばよいのでしょうか。本書のもう一つのテーマが，この「当事者に寄り添う」ということです。"寄り添う"とは？　私自身もいまだに苦悩しながら臨床を行っていますが，この問いは今後もずっともち続けていきたいと思っています。

　この本が，読者のみなさまのこれからの活動に役立つことを心から願っています。知識や技術を学ぶだけではなく，臨床に向き合う姿勢を育むきっかけになれば嬉しいです。

広瀬寛子

引用文献

明智龍男（2022）.「一般的な薬物療法，特に向精神薬の使い方について」日本サイコオン
　　コロジー学会・日本がんサポーティブケア学会編『遺族ケアガイドライン―がん等の
　　身体疾患によって重要他者を失った遺族が経験する精神心理的苦痛の診療とケアに関
　　するガイドライン 2022年版』金原出版

American Psychiatric Association (2022). *Diagnostic and statistical manual of mental disorders. Fifth edition, Text revision* (DSM-5-TR®).

飛鳥井望監修（2007）.『PTSD とトラウマのすべてがわかる本』講談社

Boelen, P.A., & Prigerson, H.G. (2013). Prolonged grief disorder as a new diagnosis category in DSM-5. In: Stroebe, M., Schut, H., & van den Bout, J. (eds.), *Complicated grief: Scientific foundations for health care professionals*. Routledge, pp.85-98.

Bonnano, G.A. (2004). Loss, trauma, and human resilience: Have we underestimated the human capacity to thrive after extremely aversive events? *Am Psychol* 59: 20-28.

Bonnano, G.A. (2009). *The other side of sadness: What the new science of bereavement tells us about life after loss*. Basic Books. （高橋祥友監訳, 2013『リジリエンス―喪失と悲嘆についての新たな視点』金剛出版）

Bonanno, G.A., & Kaltman, S. (2001). The varieties of grief experience. *Clin Psychol Rev* 21: 705-734.

Boss, P. (2006). *Loss, trauma, and resilience: Therapeutic work with ambiguous loss*. W.W.Norton & Company. （中島聡美・石井千賀子監訳, 2015『あいまいな喪失とトラウマからの回復―家族とコミュニティのレジリエンス』誠信書房）

Boss, P. (2012). *Losing a way of life: How to find hope in ambiguous loss*. （小笠原知子・石井千賀子・瀬藤乃理子訳, 2012「生きるすべを見失うとき―『あいまいな喪失』の中にどのように希望を見い出すか」災害グリーフサポートプロジェクトホームページ Pauline Boss博士研修会資料〔https://al.jdgs.jp/wp-content/uploads/Fukushima_lecture.pdf〕）

Boss, P. (2021). *The myth of closure: Ambiguous loss in a time of pandemic and change*. W.W.Norton & Company. （瀬藤乃理子・小笠原知子・石井千賀子訳『パンデミックにおけるあいまいな喪失―終結という神話（仮題）』誠信書房，印刷中）

Bowlby, J. (1980). *Attachment and loss Vol.3. Loss*. Basic Books. （黒田実郎・吉田恒子・横浜恵三子訳, 1981『母子関係の理論　III愛情喪失』岩崎学術出版社）

Burke, L.A., & Neimeyer, R.A. (2013). Prospective risk factors for complicated grief. In: Stroebe, M., Schut, H. & van den Bout, J.: *Complicated grief: Scientific foundations for health care professionals*. Routledge, pp.145-161.

Burnell, G.M., & Burnell, A.L. (1989). *Clinical management of bereavement: A handbook for healthcare professionals*. Human Sciences Press. (長谷川浩・川野雅資監訳, 1994 『死別の悲しみの臨床』医学書院)

Casement, P. (1985). *On learning from the patient*. Tavistock Publications. (松木邦裕訳, 1991『患者から学ぶ―ウィニコットとビオンの臨床応用』岩崎学術出版社)

Charon, R. (2006). *Narrative medicine: Honoring the stories of illness*. Oxford University Press. (斎藤清二・岸本寛史・宮田靖志他訳, 2011『ナラティブ・メディスン―物語能力が医療を変える』医学書院)

Currier, J.M., Neimeyer, R.A., & Berman, J.S. (2008). The effectiveness of psychotherapeutic interventions for bereaved persons: A comprehensive quantitative review. *Psychol Bull* 134: 648-661.

Department of Health & Human Services (2012). Bereavement support standards for palliative care services. (https://www.health.vic.gov.au/publications/bereavement-support-standards-for-palliative-care-services)

土居健郎 (1992).『新訂 方法としての面接―臨床家のために』医学書院

Doka, K.J. (2002). *Disenfranchised grief: New directions, challenges, and strategies for practice*. Research Press.

Doka, K.J. (2016). *Grief is a journey: Finding your path through loss*. Atria Books.

Eisma, M.C., & Stroebe, M.S. (2021). Emotion regulatory strategies in complicated grief: A systematic review. *Behav Ther* 52: 234-249.

Field, N.P., Gao, B. & Paderna, L. (2005). Continuing bonds in bereavement: An attachment theory based perspective. *Death Stud* 29: 277-299.

Figley, C.R. (ed.) (1995). *Compassion fatigue: Coping with secondary traumatic stress disorder in those who treat the traumatized*. Routledge.

Figley, C.R. (ed.) (2002). *Treating compassion fatigue*. Brunner-Routledge.

Freud, S. (1917). Mourning and melancholia. In: Strachey, J. (ed. & trans), *The standard edition of the complete psychological works of Sigmund Freud. vol.14*. Hogarth, pp.239-260. (Original published 1917) (井村恒郎・小此木啓吾他訳, 1970「悲哀とメランコリー」『フロイト著作集第6巻』人文書院, pp.137-149)

Freudenberger, H.J. (1974). Staff burn-out. *J Soc Issues* 30: 159-165.

Fujisawa, D., Miyashita, M., Nakajima, S. et al. (2010). Prevalence and determinants of complicated grief in general population. *J Affect Disord* 127: 352-358.

Green, B.L. (2000). Traumatic loss: Conceptual and empirical links between trauma and bereavement. *Journal of Personal and Interpersonal Loss* 5: 1-17.

箱崎幸恵 (2008).『生きづらさから自由になる気持ちのキセキ』明石書店

Halifax, J. (2009). *Being with dying: Cultivating compassion and fearlessness in the presence of death*. Shambhala Publications. (井上ウィマラ監訳, 2015『死にゆく人と共にある

こと—マインドフルネスによる終末期ケア』春秋社）

Halifax, J. (2018). *Standing at the edge: Finding freedom where fear and courage meet.* Flatiron Books. （海野桂訳, 2020『Compassion—状況にのみこまれずに，本当に必要な変容を導く,「共にいる」力』英治出版）

Hansson, R.O., & Stroebe, M.S. (2007). *Bereavement in late life: Coping, adaptation, and developmental influences.* American Psychological Association.

Hedtke, L., & Winslade, J. (2004). *Remembering lives: Conversations with the dying and the bereaved.* Routledge. （小森康永・石井千賀子・奥野光訳, 2005『人生のリ・メンバリング—死にゆく人と遺される人との会話』金剛出版）

Hedtke, L., & Winslade, J. (2016). *The Crafting of grief: Constructing aesthetic responses to loss.* Routledge. （小森康永・奥野光・ヘミ和香訳, 2019『手作りの悲嘆—死別について語るとき〈私たち〉が語ること』北大路書房）

Herman, J. (1990). *The Treatment of trauma: Incest as a paradigm.* Harvard Medical School. Cambridge.

Heuchert, J.P. & McNair, D.M. 原著, 横山和仁監訳 (2015).『POMS2日本語版マニュアル』金子書房

平賀睦 (2012).「訪問看護師から遺族訪問を受けた遺族の経験」『日本地域看護学会誌』14: 113-121.

広瀬寛子 (2008).「若くして夫を亡くした女性の悲嘆からの回復過程—カウンセリングを経て遺族のサポートグループに参加した女性の事例研究」『人間性心理学研究』25: 141-152.

広瀬寛子 (2010).「デスカンファレンスとは何か—意義と実際」『看護技術』56: 64-67.

広瀬寛子 (2011).『悲嘆とグリーフケア』医学書院

広瀬寛子 (2014).「ナラティヴ・オンコロジーにおけるパラレル・チャート　千里さん」『Ｎ：ナラティヴとケア』5: 30-31.

広瀬寛子 (2019).「遺族ケアにつながる家族のグリーフケア」『第24回日本緩和医療学会学術大会論文集』

広瀬寛子・田上美千佳 (2005).「遺族のためのサポートグループにおける『思い出の品を持ってきて語ること』の意味—がんで家族を亡くした人たちの悲嘆からの回復過程への影響」『日本看護科学会誌』25: 49-57.

広瀬寛子・田上美千佳・柏祐子他 (2004).「高齢者の遺族にとってのサポートグループの意味—がんで配偶者を亡くした２事例の分析を通して」『ターミナルケア』14: 419-426.

久田満 (1987).「ソーシャルサポート研究の動向と今後の課題」『看護研究』20: 2-11.

Hochschild, A.R. (1983). *The managed heart: Commercialization of human feeling.* University of California Press. （石川准・室伏亜希訳, 2000『管理される心—感情が商品になるとき』世界思想社）

Holmes, T.H., & Rahe, R.H. (1967). The social readjustment rating scale. *J Psychosom Res*

11: 213-218.

Horowitz, M.J. (2001). *Stress response syndromes: Personality styles and interventions. 4th edition.* Jason Aronson.

IASC (the Inter-Agency Standing Committee) (2007). IASC Guidelines for mental health and psychosocial support in emergency settings. (https://www.who.int/publications/i/item/iasc-guidelines-for-mental-health-and-psychosocial-support-in-emergency-settings)

五十嵐透子 (2001).『リラクセーション法の理論と実際―ヘルスケア・ワーカーのための行動療法入門』医歯薬出版

飯長喜一郎監修 (2015).『ロジャーズの中核三条件　受容―無条件の積極的関心（カウンセリングの本質を考える②)』創元社

Irish Hospice Foundation (2020). Adult bereavement care pyramid. (https://hospicefoundation.ie/our-supports-services/bereavement-loss-hub/i-work-in-bereavement/adult-bereavement-care-pyramid/)

石井千賀子・瀬藤乃理子 (2021).「家族療法による死別の支援―統合的アプローチを用いて」『グリーフ＆ビリーブメント研究』2: 37-45.

Joinson, C. (1992). Coping with compassion fatigue. *Nursing* 22: 116-121.

Kabat-Zinn, J. (1990). *Full catastrophe living: Using the wisdom of your body and mind to face stress, pain and illness.* Delacorte. (春木豊訳, 2007『マインドフルネスストレス低減法』北大路書房)

垣添忠生 (2009).『妻を看取る日―国立がんセンター名誉総長の喪失と再生の記録』新潮社

神田橋條治 (1995).『治療のこころ　巻4・平成4年』花クリニック神田橋研究会

金子絵里乃 (2007).「小児がんで子どもを亡くした母親の悲嘆過程―『語り』からみるセルフヘルプ・グループ/サポート・グループへの参加の意味」『社会福祉学』47: 43-59.

加藤敏・八木剛平 (2009).『レジリアンス―現代精神医学の新しいパラダイム』金原出版

河合千恵子 (1994).「配偶者との死別への援助―ウィドウ・ミーティングに参加した一事例から」『心理臨床』7: 199-204.

菊田まりこ (1998).『いつでも会える』学習研究社

吉良安之 (2010).『セラピスト・フォーカシング―臨床体験を吟味し心理療法に活かす』岩崎学術出版社

岸本早苗 (2020).「セルフ・コンパッションとマインドフルネス――一生懸命なあなたへ，自分をいたわるひとときを持ちませんか？」『看護管理』30: 970-977.

Kissane, D.W., & Bloch, S. (2002). *Family focused grief therapy: A model of family-centred care during palliative care and bereavement.* Open University Press. (青木聡・新井信子訳, 2004『家族指向グリーフセラピー―がん患者の家族をサポートする緩和ケア』コスモス・ライブラリー)

Kissane, D.W., Bloch, S., McKenzie, M. et al. (1998). Family grief therapy: A preliminary account of a new model to promote healthy family functioning during palliative care and bereavement. *Psychooncology* 7: 14-25.

Kissane, D.W., & Parnes, F. (eds.) (2014). *Bereavement care for families.* Routledge.

Kissane, D.W., Zaider, T.I., Li, Y. et al. (2016). Randomized controlled trial of family therapy in advanced cancer continued into bereavement. *J Clin Oncol* 34: 1921-1927.

北得美佐子 (2016).「ホスピス・緩和ケア病棟の遺族ケアに関する研究」「遺族によるホスピス・緩和ケアの質の評価に関する研究」運営委員会編『遺族によるホスピス・緩和ケアの質の評価に関する研究 3』(公財) 日本ホスピス・緩和ケア研究振興財団, pp.120-128.

Klass, D., & Steffen, E.M. (eds.) (2017). *Continuing bonds in bereavement: New directions for research and practice.* Routledge.

厚生労働省「まもろうよ　こころ」(こころの相談窓口一覧) (https://www.mhlw.go.jp/mamorouyokokoro/?yclid=YSS.EAIaIQobChMI6v625vKZgAMVmDNgCh0ViAPMEAAYAiAAEgLYD_D_BwE)

厚生労働省　流産・死産等を経験された方への相談窓口一覧 (https://www.mhlw.go.jp/stf/newpage_27342.html)

厚生労働省　全国の精神保健福祉センター一覧 (https://www.mhlw.go.jp/seisakunitsuite/bunya/kenkou_iryou/iyakuhin/yakubutsuranyou_taisaku/hoken_fukushi/index.html)

久保真人・田尾雅夫 (1994).「看護婦におけるバーンアウト—ストレスとバーンアウトとの関係」『実験社会心理学研究』34: 33-43.

工藤朋子・古瀬みどり (2016).「訪問看護師が捉えた利用者遺族を地域で支える上での課題」『Palliat Care Res』11: 201-208.

黒川雅代子・石井千賀子・中島聡美他編 (2019).『あいまいな喪失と家族のレジリエンス—災害支援の新しいアプローチ』誠信書房

Lazarus, R.S., & Folkman, S. (1984). *Stress, appraisal, and coping.* Springer Publishing Company.

Lehman, D.R., Elland, J.H., & Wortman, C.B. (1986). Social support for the bereaved: Recipients' and providers' perspectives on what is helpful. *J Consult Clin Psychol* 54: 438-446.

Leick, N., & Davidsen-Nielsen, M. (1991). *Healing pain: Attachment, loss, and grief therapy.* Routledge. (平山正実・長田光展監訳, 1998『癒しとしての痛み—愛着, 喪失, 悲嘆の作業』岩崎学術出版社)

Lichtenthal, W.G., Cruess, D.G., & Prigerson, H.G. (2004). A case for establishing complicated grief as a distinct mental disorder in DSM-V. *Clin Psychol Rev* 24: 637-662.

Lichtenthal, W.G., Maciejewski, P.K., Demirjian, C.C. et al. (2018). Evidence of the clinical utility of a prolonged grief disorder diagnosis. *World Psychiatry* 17: 364-365.

Lindemann, E. (1944). Symptomatology and management of acute grief. *Am J Psychiatry* 101: 141-148.

Lundorff, M., Holmgren, H., Zachariae, R. et al. (2017). Prevalence of prolonged grief disorder in adult bereavement: A systematic review and meta-analysis. *J Affect Disord* 212: 138-149.

Maslach, C., & Jackson, S.E. (1981). The measurement of experienced burnout. *J Organ Behav* 2: 99-113.

Maslach, C., Schaufeli W.B., & Leiter, M.P. (2001). Job burnout. *Annu Rev Psychol* 52: 397-422.

McCann, I.L., & Pearlman, L.A. (1990). Vicarious traumatization: A framework for understanding the psychological effects of working with victims. *J Trauma Stress* 3: 131-149.

Medland, J., Howard-Ruben, J., & Whitaker, E. (2004). Fostering psychosocial wellness in oncology nurses: addressing burnout and social support in the workplace. *Oncol Nurs Forum* 31: 47-54.

MidCentral District Health Board (MDHB) (2015). *Palliative Care District Group: Palliative care bereavement support guidelines.*

見藤隆子 (1991).「看護とエンカウンター・グループ」村山正治・見藤隆子・野島一彦他編『エンカウンター・グループから学ぶ―新しい人間関係の探求』九州大学出版会

村山正治監修 (2015).『ロジャーズの中核三条件　一致（カウンセリングの本質を考える①）』創元社

中島聡美・伊藤正哉・石丸径一郎他 (2010).「遷延性悲嘆障害の実態と危険因子に関する研究―罪責感の与える影響およびソーシャルサポートの役割を中心に」『明治安田こころの健康財団研究助成論文集』45: 119-126.

中里和弘 (2016).「訪問看護事業所における遺族支援の実態調査報告書」東京都健康長寿医療センター研究所

成田善弘 (2005).『治療関係と面接―他者と出会うということ』金剛出版

National Institute for Health and Clinical Excellence (NICE) (2004). Guidance on Cancer Services: Improving supportive and palliative care for adults with cancer.

Neimeyer, R.A. (2002). *Lessons of loss: A guide to coping 1st edition,* Center for the Study of Loss and Transition. （鈴木剛子訳, 2006 『〈大切なもの〉を失ったあなたに―喪失をのりこえるガイド』春秋社）

Neimeyer, R.A. (ed.) (2001). *Meaning reconstruction & the experience of loss.* American Psychological Association. （富田拓郎・菊池安希子監訳, 2007 『喪失と悲嘆の心理療法―構成主義からみた意味の探究』金剛出版）

Neimeyer, R.A. (ed.) (2012). *Techniques of grief therapy: Creative practices for counseling the bereaved.* Routledge.

Neimeyer, R.A. (ed.) (2015). *Techniques of grief therapy: Assessment and intervention.* Routledge.

日本ホスピス・緩和ケア研究振興財団 (2006).「これからのとき―大切な方を亡くしたあなたへ」(http://www.hospat.org/from-now-on.html)

日本ホスピス・緩和ケア研究振興財団／「遺族によるホスピス・緩和ケアの質の評価に関する研究」運営委員会編 (2013).『遺族によるホスピス・緩和ケアの質の評価に関する研究2 (J-HOPE2)』ホスピス財団 (hospat.org)

日本サイコオンコロジー学会・日本がんサポーティブケア学会編 (2022).『遺族ケアガイドライン―がん等の身体疾患によって重要他者を失った遺族が経験する精神心理的苦痛の診療とケアに関するガイドライン 2022年版』金原出版

野島一彦監修 (2015).『ロジャーズの中核三条件 共感的理解 (カウンセリングの本質を考える③)』創元社

Ogrodniczuk, J.S., Piper, W.E., Joyce, A.S. et al. (2003). Differentiating symptoms of complicated grief and depression among psychiatric outpatients. *Can J Psychiatry* 48: 87-93.

小此木啓吾 (1979).『対象喪失―悲しむということ』中公新書

大西秀樹 (2017).『遺族外来―大切な人を失っても』河出書房新社

大谷弘行 (2016).「家族の臨終に間に合うことの意義や負担に関する研究」「遺族によるホスピス・緩和ケアの質の評価に関する研究」運営委員会編『遺族によるホスピス・緩和ケアの質の評価に関する研究3』(公財) 日本ホスピス・緩和ケア研究振興財団, pp.108-113.

大和田攝子・大和田康二・加山寿也他 (2013).「遺族サポートグループにおける参加者の心理プロセスとその促進要因に関する質的研究」Palliat Care Res 8: 254-263.

Parkes, C.M. (1972). *Bereavement: Studies of grief in adult life.* Tavistock Publications. (桑原治雄・三野善央・曽根維石訳, 1993『死別―遺された人たちを支えるために』メディカ出版)

Parkes, C.M. (1980). Bereavement counselling: Does it work? *Br Med J* 281: 3-6.

Prigerson, H.G., Horowitz, M.J., Jacobs, S.C. et al. (2009). Prolonged grief disorder: Psychometric validation of criteria proposed for DSM-V and ICD-11. *PLoS Med* 6: e1000121.

Prigerson, H.G., & Maciejewski, P.K. (2008). Grief and acceptance as opposite sides of the same coin: Setting a research agenda to study peaceful acceptance of loss. *Br J Psychiatry* 193: 435-437.

Rando, T.A. (1984). *Grief, dying, and death: Clinical interventions for caregivers.* Research Press.

Rando, T.A. (1993a). Caregiver concerns in the treatment of complicated mourning. In: Rando, T.A.: *Treatment of complicated mourning.* Research Press.

Rando, T.A. (1993b). *Treatment of complicated mourning.* Research Press.

Rando, T.A. (2013). On achieving clarity regarding complicated grief: Lessons from clinical practice. In: Stroebe, M., Schut, H., & van den Bout, J. (eds.), *Complicated grief: Scientific foundations for health care professionals.* Routledge, pp.40-54.

Rando, T.A. (ed.) (2000). *Clinical dimensions of anticipatory mourning: Theory and practice in working with the dying, their loved ones, and their caregivers.* Research Press.

Raphael, B. (2013). Clinical theories and loss and grief. In: Stroebe, M., Schut, H., & van den Bout, J. (eds.), *Complicated grief: Scientific foundations for health care professionals.* Routledge, pp.3-9.

Raphael, B., Minkov, C., & Dobson, M. (2001). Psychotherapeutic and pharmacological intervention for bereaved persons. In: Stroebe, M.S., Hansson, R.O., Stroebe, W. et al. (eds.), *Handbook of bereavement research: Consequences, coping, and care.* American Psychological Association.

Raphael, B., Stevens, G., & Dunsmore, J. (2006). Clinical theories of loss and grief. In: Rynearson, E.K. (ed.), *Violent death: Resilience and intervention beyond the crisis.* Routledge, pp.3-29.

Riessman, F. (1965). The "helper" therapy principle. *Social Work* 10: 27-32.

Rogers, C.R. (1955). *Active listening.* The Industrial Relations Center of the University of Chicago. (友田不二男編訳, 1967『カウンセリングの立場』ロージァズ全集第11巻, 岩崎学術出版社)

Rogers, C.R. (1962). The interpersonal relationship: The core of guidance. *Harvard Educ Rev* 32: 416-429. (畠瀬稔編訳, 1967『人間関係論』ロージァズ全集第6巻, 岩崎学術出版社)

Rogers, C.R. (1966). Client-centered therapy. In: Arieti, S. (ed.), *American Handbook of Psychiatry. Vol.3.* Basic Books, pp.183-200. (伊東博編訳, 1967『クライエント中心療法の最近の発展』ロージァズ全集第15巻, 岩崎学術出版社)

Rogers, C.R. (1970). *Carl Rogers on encounter groups.* Harper & Row. (畠瀬稔・畠瀬直子訳, 1982『エンカウンター・グループ―人間信頼の原点を求めて』創元社)

Rynearson, E.K. (2001). *Retelling violent death.* Taylor & Francis. (藤野京子訳, 2008『犯罪・災害被害遺族への心理的援助―暴力死についての修復的語り直し』金剛出版)

Rynearson, E.K. (2012). Invoking an alliance with the deceased after violent death. In: Neimeyer, R.A. (ed.), *Techniques of grief therapy: Creative practices for counseling the bereaved.* Routledge, pp.91-94.

Rynearson, E.K., Correa, F., Favell, J. et al. (2006). Restorative retelling after violent dying. In: Rynearson, E.K. (ed.), *Violent death: Resilience and intervention beyond the crisis.* Routledge, pp.195-216.

災害グリーフサポートプロジェクト「あいまいな喪失ウェブサイト」(https://al.jdgs.jp/)

災害グリーフサポートプロジェクト「災害で大切な人をなくされた方を支援するためのウ

ェブサイト」(https://jdgs.jp)

戈木クレイグヒル滋子 (1999).『闘いの軌跡―小児がんによる子どもの喪失と母親の成長』川島書店

坂口幸弘 (2000).「遺族の自助グループへの参加意思に関する検討」『日本保健医療行動科学会年報』15: 220-235.

坂口幸弘 (2012).『死別の悲しみに向き合う―グリーフケアとは何か』講談社現代新書.

坂口幸弘 (2016).「わが国のホスピス・緩和ケア病棟における遺族ケアサービスの実施状況と今後の課題―2002年調査と2012年調査の比較」『Palliative care research』11: 137-145.

坂口幸弘 (2022a).「死別による悲嘆をケアすることの大切さ」『精神医学』64: 1581-1586.

坂口幸弘 (2022b).『増補版　悲嘆学入門―死別の悲しみを学ぶ』昭和堂

坂口幸弘・柏木哲夫・恒藤暁 (2001).「配偶者喪失後の精神的健康に関連する死別前要因に関する予備的研究」『死の臨床』24: 52-57.

坂中正義編著 (2017).『傾聴の心理学―PCAをまなぶ：カウンセリング　フォーカシング　エンカウンター・グループ』創元社

Sandler, I.N., Wolchik, S.A., & Ayers, T.S. (2008). Resilience rather than recovery: A contextual framework on adaptation following bereavement. *Death Stud* 32: 59-73.

Schonfeld, D.J., & Quackenbush, M. (2009). *After a loved one dies: How children grieve, and how parents and other adults can support them.* New York Life Foundation.（加茂登志子・中島聡美 監訳『大切な人を失ったあとに―子どもの悲嘆とケア　子どもを支える親と大人のためのガイドブック』国立精神・神経医療研究センター〔https://www.ncnp.go.jp/pdf/mental_info_childs_guide.pdf〕）

瀬藤乃理子 (2015).「終末期および死別の支援とストレス」丸山総一郎編『ストレス学ハンドブック』創元社, pp.394-404.

瀬藤乃理子 (2019a).「あいまいな喪失を支援する人のケア」黒川雅代子・石井千賀子・中島聡美他編『あいまいな喪失と家族のレジリエンス―災害支援の新しいアプローチ』誠信書房, pp.126-146.

瀬藤乃理子 (2019b).「遺族のトラウマケア」『こころの科学』208: 53-57.

瀬藤乃理子 (2021a).「『あいまいな喪失』と『公認されない悲嘆』―被災者のレジリエンスにおける社会的影響」『臨床心理学』21: 715-719.

瀬藤乃理子 (2021b).「震災と遺族・行方不明者家族の支援」前田正治・松本和紀・八木淳子編『東日本大震災とこころのケア―被災地支援10年の軌跡』日本評論社, pp.31-40.

Setou, N. (2021). Spiritually healing the grief of disaster victim: Lessons from support after the Great East Japan Earthquake. Kashio, N. & Becker, C. (eds.), *Spirituality as a way.* Kyoto University Press.

瀬藤乃理子 (2022a).「バーンアウトや共感疲労を防ぐ組織の工夫」『こころの科学』222:

32-38.

瀬藤乃理子 (2022b).「通常の悲嘆とその支援」日本サイコオンコロジー学会・日本がんサポーティブケア学会編『遺族ケアガイドライン2022年版』金原出版, pp22-28.

瀬藤乃理子 (2022c).「死別にまつわる心理的苦痛―通常の悲嘆の概念とそのプロセス」『精神医学』64: 1573-1579.

瀬藤乃理子・石井千賀子 (2015).「災害とレジリエンス」『保健の科学』58: 750-755.

瀬藤乃理子・黒川雅代子・石井千賀子他 (2015).「東日本大震災における『あいまいな喪失』への支援―行方不明者家族への支援の手がかり」『トラウマティック・ストレス』13: 69-77.

瀬藤乃理子・前田正治 (2019).「災害とグリーフワーク」『精神療法』45: 193-199.

瀬藤乃理子・前田正治 (2020).「臨床場面における『心的外傷後成長 (PTG)』―PTGという概念がもたらしたもの」『精神科治療学』35: 589-594.

瀬藤乃理子・丸山総一郎 (2004).「子どもとの死別と遺された家族のグリーフケア」『心身医学』44: 395-405.

瀬藤乃理子・丸山総一郎 (2007).「死と死別の悲嘆過程における怒りの感情の臨床的意義」『神戸親和女子大学大学院研究紀要』3: 115-122.

瀬藤乃理子・丸山総一郎 (2010).「複雑性悲嘆の理解と早期援助」『緩和ケア』20: 338-342.

瀬藤乃理子・丸山総一郎 (2013).「バーンアウトと共感性疲労―対人援助スキルトレーニングの必要性」『産業ストレス研究』20: 393-395.

瀬藤乃理子・丸山総一郎・加藤寛 (2008).「複雑性悲嘆 (CG) の診断基準化に向けた動向」『精神医学』50: 1119-1133.

瀬藤乃理子・丸山総一郎・村上典子 (2005).「死別後の病的悲嘆の『診断』をめぐる問題―DSMの診断基準を中心に」『心身医学』45: 834-842.

瀬藤乃理子・村上典子 (2011).「外傷的な死別後の遺族のケア―喪失とトラウマの理解」飛鳥井望編『心的外傷後ストレス障害 (PTSD)』最新医学社

瀬藤乃理子・村上典子・丸山総一郎 (2005).「死別後の病的悲嘆に関する欧米の見解―『病的悲嘆』とは何か」『精神医学』47: 242-250.

瀬藤乃理子・岡崎伸・鍋谷まこと他 (2011).「視察報告：イギリスの子どものホスピス―LTC (Life-threatening conditions) の子どもたちの生と死を支える取り組み」『甲南女子大学研究紀要 看護学・リハビリテーション学編』5: 187-192.

瀬藤乃理子・坂口幸弘・丸山総一郎 (2020).「マインドフルネスを活用した『セルフケアプログラム』の試み――次予防プログラムとしての有用性の検討」『産業ストレス研究』27: 263-271.

瀬藤乃理子・坂口幸弘・村上典子他 (2020).「新型コロナウイルス感染症パンデミック下における死別の支援」『グリーフ＆ビリーブメント研究』1: 3-11.

瀬藤乃理子・坂下裕子・黒川雅代子他 (2008).「小児救急におけるグリーフケア―インフルエンザ脳症グリーフケアガイドラインの紹介」『甲南女子大学研究紀要　看護学・

リハビリテーション学編』1: 87-93.

瀬藤乃理子・阪武彦・丸山総一郎 (2004).「死別後の悲哀に関するフロイトの見解とその批判」『神戸親和女子大学研究論叢』37: 21-38.

瀬藤乃理子・竹林由武・前田正治 (2020).「新型コロナウイルス感染症 (COVID-19) 流行時における医療従事者のメンタルヘルス支援―感染対応者への心理社会的支援に関する文献レビュー」『産業ストレス研究』27: 351-361.

白川美也子 (2016).『赤ずきんとオオカミのトラウマ・ケア―自分を愛する力を取り戻す〔心理教育〕の本』アスク・ヒューマン・ケア

Silverman, P.R., & Worden, J.W. (1993). Children's reaction to the death of a parent. In: Stroebe, M.S., Stroebe, W., & Hansson, R.O. (eds.), *Handbook of bereavement: theory, research, and intervention.* Cambridge University Press, pp.300-316.

Simon, N.M., Shear, K.M., Thompson, E.H. et al. (2007). The prevalence and correlates of psychiatric comorbidity in individuals with complicated grief. *Compr Psychiatry* 48: 395-399.

Smith, P. (1992). *The emotional labour of nursing: Its impact on interpersonal relations, management and educational environment.* Macmillan.（武井麻子・前田泰樹監訳, 2000『感情労働としての看護』ゆみる出版）

Spiegel, D., & Classen, C. (2000). *Group therapy for cancer patients: A research-based handbook of psychosocial care.* Basic Books.（朝倉隆司・田中祥子監訳, 2003『がん患者と家族のためのサポートグループ』医学書院）

Stroebe, M.S., Hansson, R.O., Schut, H. et al. (eds.) (2008). *Handbook of bereavement research and practice: Advances in theory and intervention.*（森茂起・森年恵訳, 2014『死別体験―研究と介入の最前線』誠信書房）

Stroebe, M., & Schut, H. (1999). The dual process model of coping with bereavement: Rationale and description. *Death Stud* 23: 197-224.

Stroebe, M., Schut, H., & Stroebe, W. (2005). Attachment in coping with bereavement: A theoretical integration. *Rev Gen Psychol* 9: 48-66.

Stroebe, W., & Stroebe, M.S. (1987). *Bereavement and health: The psychological and physical consequences of partner loss.* Cambridge University Press.

鈴木志津枝 (2003).「家族がたどる心理的プロセスとニーズ」『家族看護』1: 35-42.

周産期グリーフケアはちどりプロジェクト (2021).「当事者が行う, 家族への支援体制に関する実態調査『赤ちゃんとお別れしたお母さん・お父さんへのアンケート』」(https://hachidoriproject.amebaownd.com/)

高木慶子 (2007).『喪失体験と悲嘆―阪神淡路大震災で子どもと死別した34人の母親の言葉』医学書院

高橋聡美・瀬藤乃理子 (2019).「子どものあいまいな喪失」黒川雅代子・石井千賀子・中島聡美他編『あいまいな喪失と家族のレジリエンス―災害支援の新しいアプローチ』誠信書房, pp.63-84.

高松里編 (2009).『サポート・グループの実践と展開』金剛出版

武井麻子 (2001).『感情と看護―人とのかかわりを職業とすることの意味』医学書院

宅香菜子 (2014).『悲しみから人が成長するとき―PTG』風間書房

宅香菜子編著 (2016).『PTGの可能性と課題』金子書房

Tedeschi, R.G., & Calhoun, L.G. (2004a). *Helping bereaved parents: A clinician's guide*. Routledge.

Tedeschi, R.G., & Calhoun, L.G. (2004b). Posttraumatic growth: Conceptual foundations and empirical evidence. *Psychol Inq* 15: 1-18.

Tedeschi, R.G., Shakespeare-Finch, J., Taku, K. et al. (2018). *Posttraumatic growth: Theory, research, and applications*. Routledge.

Varley, S. (1984). *Badger's parting gifts*. Harper Collins.(小川仁央訳, 1986『わすれられないおくりもの』評論社)

Vinogradov, S., & Yalom, I.D. (1989). *Concise guide to group psychotherapy*. American Psychiatric Press.(川室優訳, 1991『グループサイコセラピー―ヤーロムの集団精神療法の手引き』金剛出版)

Walsh, F., & McGoldrick, M. (1991). *Living beyond loss: Death in the family*. W.W.Norton & Company.

Walsh, F., & McGoldrick, M. (2004). Loss and family: A systemic perspective. In: Walsh, F., & McGoldrick, M. (eds.), *Living beyond loss: Death in the family*. W.W.Norton & Company.

渡邉晶子 (2022).「King Lear にみる積極的ネガティブ・ケイパビリティ」『梅光学院大学論集』55: 15-30.

WHO (2019). ICD-11 (https://icd.who.int/en)

WHO (2020). Mental Health and Psychosocial Support (MHPSS) in emergencies.

Worden, J.W. (1991). *Grief counseling and grief therapy: A handbook for the mental health practitioner. 2nd edition*. Routledge.(鳴澤實監訳, 1993『グリーフカウンセリング―悲しみを癒すためのハンドブック』川島書店)

Worden, J.W. (2018). *Grief counseling and grief therapy: A handbook for the mental health practitioner. 5th edition*. Springer Publishing Company.(山本力監訳, 2022『悲嘆カウンセリング　改訂版―グリーフケアの標準ハンドブック』誠信書房)

Wortman, C.B., & Silver, R.C. (1989). The myths of coping with loss. *J Consult Clin Psychol* 57: 349-357.

Wright, B. (1996). *Sudden death: A research base for practice. 2nd edition*. Churchill Livingstone.(若林正訳, 2002『突然の死―そのとき医療スタッフは』医歯薬出版)

Yalom, I.D., & Vinogradov, S. (1988). Bereavement groups: techniques and themes. *Int J Group psychother* 38: 419-446.

山下亮子 (2016).「終末期がん患者の家族が患者の死を前提として行いたいことに関する研究」「遺族によるホスピス・緩和ケアの質の評価に関する研究」運営委員会編『遺

族によるホスピス・緩和ケアの質の評価に関する研究3』（公財）日本ホスピス・緩和ケア研究振興財団, pp.102-107.

良原誠崇（2009）.「自死遺族サポート・グループ運営者の喪失をめぐる物語的構成」『心理臨床学研究』26: 710-721.

Zisook, S., & DeVaul R.A.（1983）. Grief, unresolved grief, and depression. *Psychosomatics* 24: 247-249, 252-253, 256.

著者略歴————

瀬藤乃理子（せとう・のりこ）[担当章：1章，2章後半，3章，8〜10章，12章]
神戸市出身。2004年神戸親和女子大学大学院心理臨床学専攻修了（心理学修士）。2013年神戸大学大学院医学系研究科保健学専攻博士課程修了（保健学博士）。病院等での小児の臨床，甲南女子大学准教授を経て，2018年より福島県立医科大学医学部災害こころの医学講座准教授。公認心理師，理学療法士。専門は悲嘆・複雑性悲嘆の支援，支援職のストレスマネージメント，小児・難病のリハビリテーション。著書に『あいまいな喪失と家族のレジリエンス―災害支援の新しいアプローチ』（共編，誠信書房），『あいまいな喪失とトラウマからの回復―家族とコミュニティのレジリエンス』（共訳，誠信書房）などがある。

広瀬寛子（ひろせ・ひろこ）[担当章：2章前半，4〜7章，11章]
金沢市出身。1988年千葉大学大学院看護学研究科（看護教育学専攻）修了（看護学修士）。1991年東京大学大学院医学系研究科（保健学専攻）単位取得退学（保健学博士）。石川県立中央病院看護師，東京大学医学部保健学科看護学教室助手，東京都精神医学総合研究所医療看護研究部門主任研究員を経て，1998年より戸田中央総合病院看護カウンセリング室（現在はカウンセリング室）室長。専門は緩和ケアにおけるグリーフケア。看護師，保健師，公認心理師。著書に『看護カウンセリング　第2版』『悲嘆とグリーフケア』（いずれも医学書院）などがある。

グリーフケアとグリーフカウンセリング
——死別と悲嘆へのサポート実践ガイド

2023 年 12 月 30 日　第 1 版第 1 刷発行

著　者──瀬藤乃理子，広瀬寛子
発行所──株式会社日本評論社
　　　　〒170-8474　東京都豊島区南大塚 3-12-4
　　　　電話 03-3987-8598(編集) -8621(販売)
　　　　振替 00100-3-16
印刷所──港北メディアサービス
製本所──井上製本所
装　幀──図工ファイブ